ヒエログリフ
を書いてみよう 読んでみよう
古代エジプト文字への招待

松本 弥

白水社

写真　松本　弥
装丁　林　規章

はじめに

　古代エジプト文字，ヒエログリフは，今から5000年ほど前に文法体系が確立した文字で，1600年ほど前には使われなくなり，人びとの記憶から忘れ去られてしまったものです．このことだけを考えると，時代の変化のなかで別の言葉に取って代わられてしまった過去の言葉ということになりましょうが，実用されていた期間をみると約3400年間，この文字が主要に使われていた期間だけにしぼっても2500年ほどの間ですから，私たち日本人が，いわゆる日本語を使いはじめてからよりも，ずっと長い間，活きていた文字だったのです．エジプトの象形文字が周辺諸国に与えた影響も大きく，世界中でもちいられている英語のアルファベットも，起源をたどればエジプトに行き着くことが知られています．

　発明当初はごくごく限られた人たちだけのものでしたが，しだいに文字を識別する人びとの数は増え，各地の神殿の行事暦，離婚調停のような証拠書類といったものまで，文字記録として今に残っています．それによって，古代エジプト社会もかなり深い部分まで解明されるようになってきました．

　加えて興味深いのが，その文字記録に，当時の人びとの考えや感情なども記されたことです．文字に残すことで，古代エジプト人が最大のテーマとしてきた「永遠の存在」を果たしているのではないかと考えられるのです．絵師や彫刻師などの職人，科学や医学の分野に長けた人物などが各々の営為を記したことによって，その知識，思想が後世に伝えられました．また，教訓的な思想は，今日の私たちの社会にも通じることが多く，身近に感じられる存在感があります．そうした意味で，是非とも，当時の人びとの生の記録に触れていただきたいと思います．

　外国語を，ましてや古代の文字を学ぶということはとかく抵抗感がありますが，本書は，その第1歩を歩み出すきっかけとして，文字に親しんでいただくことを目的としました．そのための構成や原稿のまとめなどで，大いにご尽力いただいた白水社編集部の岩堀雅己氏には心から感謝申し上げる次第です．読者の皆様には，本書をきっかけに，エジプト旅行や展覧会などで，少しでも楽しみを深めていただければ望外の幸せです．

著者

目　次

はじめに　*3*

古代エジプトの歴史と文字　*6*

第 1 章　ヒエログリフを書いてみよう!　*15*
　　1　ヒエログリフの特徴　*16*
　　2　アルファベット　*19*
　　3　ヒエログリフで自分の名前を書いてみよう　*34*
　　4　2 子音文字と 3 子音文字　*40*
　　5　どのように発音するのか　*51*
　　6　決定詞　*53*
　　7　数字　*65*

第 2 章　ヒエログリフを読んでみよう!　*71*
　　1　王名を読む　*72*
　　2　神名を読む　*82*
　　3　日付　*87*
　　4　古代エジプトの計算方法　*89*
　　5　よく使われる表現　*91*

第3章　実際のヒエログリフを解読してみよう！　93
　　　トゥトアンクアメン王の遺産を解読してみよう　94

文字に表された古代エジプト　106
　1　ロゼッタ・ストーン　106
　2　死の恐怖を克服するため——宗教書　114
　3　いつの世も処世術が大事——教訓文学　116
　4　手紙，通信文　118
　5　古代エジプト流愛の告白　119
　6　夢は予兆，古代の人々は占い好き——『夢の書』　120

　練習問題解答　122
　古代エジプト王朝表　124
　さらに勉強を進められる方のために　126

　コラム一覧：パピルスと紙　14
　　　　　　　コプト文字とヒエログリフ　52
　　　　　　　書記　70
　　　　　　　カルトゥーシュ　75
　　　　　　　魔力のある文字　92

古代エジプトの歴史と文字

　エジプトの人たちは，古代エジプト文明を築き上げた人々の末裔であることに強く誇りをもっています．「人類に文化をもたらせたのは，我々エジプト人だ」という台詞は，エジプトの人と会話しているときにしばしば聞かれることです．

　文字を，人間同士の意志疎通の道具としてもちいはじめたのは，メソポタミア地方のシュメール人かエジプト人で，おそらく両地域をふくめたオリエント地方で物資の交流がさかんになった，紀元前 3500 年頃のことではなかったでしょうか．最近，エジプトのアビュドス遺跡から，前 3400 年頃と考えられる文字記録が発見され，これまでの，エジプトではメソポタミアから影響を受けて文字使用がはじまったとの見解を再考する必要が出てきました．

　とにかく，はじめは交易品が間違いなく届けられるかどうかの確認からはじまり，それが次第に複雑な意志疎通の手段，記録，神への祈願などに多用されていったのでしょう．エジプトでは，前 3100 年頃，統一王朝がおこりますが，それよりも 100～200 年ほど前，国内でも都市間の交流がさかんになり，統合，離反などの動きが活発になっていくなかで，文字も発達していったものと考えられます．

文字の発達

　古代エジプトの王朝時代は，大きく，次頁のように区分されています．ヒエログリフで長文を筆記するための古代エジプト語の文法体系は，初期王朝時代から古王国時代の初期，はじめてピラミッドが造営される頃までに，基本的なことが整備され，その後は，実用化されていくうちに随時，追加，変更されていったのです．

　国家の高まりと文字の普及は相乗的なものだったのでしょう．文字による情報

古代エジプト史略年表 (年代はおおよその数字)

前3500	【先王朝時代】~前3100	
前3100	【初期王朝時代】~前2686	
	第1王朝~第3王朝	
	メンフィスに統一国家の誕生．ヒエログリフの文字体系が確立．1年365日の暦が普及．中央集権国家へ．	
前2686	【古王国時代】~前2181	
	第4王朝~第6王朝	
	神王として絶対的な王権が確立．ピラミッドの造営が盛んに．	
前2181	【第1中間期】~前2055	
	第7王朝~第11王朝	
	中央集権体制が崩壊．短い治世の王が続く．	
前2055	【中王国時代】~前1795	
	第11王朝~第12王朝	
	テーベの王が統一．クーデターがおこり，中心地はアル＝リシュト付近に．ピラミッド造営が再開される．	
前1795	【第2中間期】~前1550	
	第13王朝~第17王朝	
	中央集権体制が崩壊．アジアから侵入した異民族ヒクソスが下エジプトに王朝をおこす．	
前1550	【新王国時代（前期）】~前1352	
	第18王朝（前半）	
	テーベの王がヒクソスを駆逐．西アジアへ盛んに遠征をおこない，その領土が最大になる．「王家の谷」に王墓が造営される．繁栄の絶頂期．	
前1352	【アマルナ時代】~前1336	
	第18王朝	
	神官との対立から，王が宗教改革を断行．	
前1336	【新王国時代（後期）】~前1069	
	第18王朝末~第20王朝	
	宗教改革は失敗に終わるが，国家は再び繁栄．政治の中心地ペル・ラメセスと宗教の中心地テーベに分裂．	
前1069	【第3中間期】~前747	
	第21王朝~第25王朝	
	テーベの神官団が王権を主張．上エジプト（アメン神官団）と下エジプト（王）に分裂する	
前747	【末期王朝時代】~前332	
	第26王朝~	
	ヌビアの王がエジプトを統治．以降，アッシリアなど外国の支配を受ける．	
前332	（マケドニア時代）~前305	
前305	【プトレマイオス朝時代】~前30	
	マケドニアのアレクサンドロス大王と将軍プトレマイオスによる支配．	
前30	【ローマ帝国支配下】~後395	
後395	【ビザンツ帝国支配下】~後641	
後641	【イスラム時代】~現代	

原エジプト語　古エジプト語　中エジプト語　後期エジプト語　定着・発展した中エジプト語　デモティック　コプト語

ヒエログリフ・ヒエラティック

の伝達がスムーズにおこなわれたからこそ，ピラミッドのような，多くの人員を必要とする国家事業が実現し，また正確に情報を伝えることが徹底されていく過程で文法体系も整えられていったのです．

ところで，エジプトの国土は，現代の国境でいうと面積は約100万平方キロメートルあります．しかしその大部分が沙漠で，実際には国土の中央を南北に流れる，たった1本のナイル川の細長い沿岸部分にしか人々の活動できる場所はありません．ナイル川は全長約800キロメートルで，広いところでもその川幅は20キロメートルほど，首都カイロの南端あたりから地中海にかけて広がる三角州（ナイル・デルタ）を加えても，国土の4パーセントほどです．そのため情報や物資の流通は南北に結ぶナイル川に沿ってとりおこなわれました．

ヒエログリフ，ヒエラティック

王朝時代になると，おもにヒエログリフとヒエラティックとよばれる2種類の文字がもちいられるようになります．これらの名前は前6世紀頃からエジプトとさかんに交流をはじめたギリシア人がつけた名前です．ヒエログリフとはギリシア語の「ヒエログルフィカ（刻まれた神聖な文字）」に由来しています．神殿や神像，王像，墓室など神聖なものにほどこされた文字だったことから，しばしば「聖刻文字」「神聖文字」と訳されてよばれています．

ヒエログリフ

何よりもヒエログリフの特徴は，物の形をはっきりと書きあらわすことですが，パピルス紙のようなものにペン書きする場合には一筆書きのように書かれた，筆記体もありました．

ヒエログリフの文字は，きわめて丁寧にあらわされた場合，それが美術的な浮き彫りや絵画と区別できず，誰もがこのことに惑わされてしまいます．たとえば，その形がヘビや人の腕だとすると，それがそのまま「ヘビ」，「腕」を意味してい

るのではないかと考えてしまいがちです.

しかしヒエログリフを勉強する前に,こうしたイメージを捨て去る必要があります.ヒエログリフではそれがどんなに写実的にあらわされたものであっても,そのままの意味をもつことはほとんどありません.本書を読み進められる前に,まずこのことを認識しておいていただくと,迷路に迷い込むことはなくなるでしょう.

またもうひとつの文字,ヒエラティックは,ヒエログリフの筆記体をさらに簡略にしたもので,基本的にヒエログリフと仕組みは変わりません.神殿に務める神官がもちいていた文字だったことから,ギリシア人が「ヒエラティック(神官文字)」とよんだことに由来しています.ただ王朝時代には神官だけに限らず,役人などが事務的に,また文学,学術記録など,実用的な文書記録に広くもちいられていました.

ヒエログリフが石や木材にほどこされるときは,画工が下書きをし,彫り師がていねいに細工をするため,「聖刻文字」の名のとおり精緻なものになります.ところが筆記するものがパピルス紙となるとそうはいきません.パピルス紙に書くときは,アシの茎を加工したペンをもちいたため,書記によっては流れたり,くずれたり,またもとの形がわからないものもあるのです.

ヒエラティック

ピラミッドに代表される古王国時代

ここで話をエジプトの歴史に戻しましょう．

古王国時代，第4王朝（前2613年頃～前2494年頃）になると，のちに世界の七不思議に数えられることになる巨大なギザのピラミッドの造営がはじまり，エジプトは最初の繁栄期を迎えます．王は神であるとの信仰のもと，多くの人々の力が集められ，現代でもその工程，工法を解明することができないほどの建造物を残すことになりました．またこの時代には，レバノンのマツ材（レバノン杉），シナイ半島の銅，アスワンの赤色花崗岩など，1000キロほども離れた地域から物資が集められたりもしました．周辺地域にはエジプトの国力に対抗できる都市や民族はなく，すべてエジプト優位に物資は調達されました．当然，このような事業にも命令，事業方針を確認するための書類があり，それらはヒエログリフで書かれていたと考えられます．

当時の政治は宗教と密接な関係にあり，神である王の言葉はそのまま法，絶対の命令として布告されました．天地創造神話や，王の神格化，死の恐怖を克服するための来世観などが文字にまとめられたりもしました．

第5王朝の末期，前2350年頃のピラミッドの埋葬室の壁には，王が来世に復活し，永遠に生き続けることを願って，経文が刻まれるようになりました．通称「ピラミッド・テキスト」とよばれるこの文書が書かれた要因のひとつとしては，実は，無益な巨大ピラミッドの造営などによって王権が弱体化したことが挙げられます．それまでは王が亡くなっても，その強大な権力があったからこそ死後も安心できると考えられていましたが，そうではなくなったとき，来世に向かうにも，この世で暮らすにも不安が増大していったのでしょう．そのために経文で埋葬室を埋め尽くし，願いを確実に成就したいと考えたと想像できます．

ピラミッド・テキスト

波乱の中王国時代

　前2181年には統一王朝が滅び，国内は混乱した時代，第1中間期に入ります．絶対の存在だった王がいなくなったことは国民にとって精神的に大変な打撃でした．この混沌とした時代に，知識人たちは王権のこと，政治のこと，社会秩序のことなどを考え，それを文書に残しています．それらは王や役人の心得として，長く後世に伝えられることになりました．

　そして前2055年には次の統一王朝がおこり，中王国時代を迎えます．この時代にも王権の弱体化を憂い，多くの文書が残されますが，第12王朝には，古王国時代のような王権をめざしてピラミッドの造営が再開され，前1860年頃には，ようやく王権も安定しました．しかしそれもつかの間，前1800年には，ふたたび統一王朝不在の時代，第2中間期を迎えます．

　第2中間期の混乱に乗じて，前1650年頃には，異民族集団ヒクソスがエジプト北部に侵入したことで，エジプトははじめて異民族の支配を体験します．このヒクソス王朝は約100年続きましたが，前1550年頃には，テーベ（現在のルクソール）出身の王が駆逐に成功し，全国統一を果たします．

王朝時代の絶頂期

　前1550年頃，ヒクソスの駆逐によって新王国時代がはじまります．この時代にエジプトは積極的に海外遠征をおこない，オリエント地方の諸都市を植民地化しました．世界の富がエジプトに集まり，繁栄の絶頂を迎えました．しかし人間の欲望が，国家を混乱させてしまいます．

　王は神的な存在ではありましたが，ヒクソスを駆逐できたことや，海外遠征の成功は，王が信仰する神のお陰だとして，神に仕える神官が王の施政方針に異議を唱えるようになったのです．こうした状況にあって，前1350年頃には，宗教改革まで断行して，神官たちとの関係を絶とうとした王もあらわれましたが，政治，宗教の混乱はそのまま経済の混乱につながって失敗に終わり，結果，国内に王と神官の2大権力が台頭することとなりました．

ちなみに黄金のマスクで有名なツタンカーメン（トゥトアンクアメン）王は，宗教改革が失敗に終わった直後，前1330年頃の王であり，おそらくその死も，謀略によるものであると考えられています．

　前1300年頃には，国内も安定し，繁栄に向かいますが，オリエント地方にはヒッタイトやアッシリアといった国が勢力を拡大し，世界は予断の許されない情勢になっていました．

　この新王国時代には，通称「死者の書」とよばれる宗教文書が著されます．時代を経るごとに王の神性は弱まり，古王国時代のピラミッドに刻まれた「ピラミッド・テキスト」は，この時代には形を変えて「死者の書」として，個人の墓の壁やパピルス紙に書かれ，来世での復活と永遠の命が祈願されました．

死者の書

王朝の終焉

　前1180年頃に最後の繁栄を迎えると，以後，国力はしだいに弱まりました．エジプトは地中海世界の一国程度の存在でしかなくなり，前525年にはペルシアの支配下におかれます．一方でペルシアと地中海世界の交易の中継地として繁栄をみせる一面もありました．これは，王をはじめとする上位の力が弱まるなかで，庶民が活躍するようになったからです．

　前7世紀頃，古代エジプトの王朝時代の3番目の文字，デモティックが使われるようになります．デモティックとは「民衆文字」という意味です．見た目はヒ

デモティック

エラティックをさらに簡略化したものといえますが,文法的には独特の仕組みをもっています.それまで用いられたヒエラティックにかわるものとして商取引の文書をはじめとして,実用文にはもっぱらこのデモティックがもちいられました.ヒエログリフ解読の手掛かりとなったロゼッタ・ストーン(前196年)にも,ヒエログリフ,ギリシア文字と,このデモティックが刻まれていますから,これがいかに汎用されていたかがわかります.

　時代は前後しますが,エジプト人による王朝時代は前343年で終わります.その後はエジプトをペルシア支配から解放したアレクサンドロス大王とその後継者プトレマイオスによる時代が続きますが,それも前30年,有名なクレオパトラ女王の死によって絶え,以後はローマの属国となってしまいます.神殿で使われ続けていたヒエログリフも,ローマでキリスト教が国教化され,異教の信仰が禁じられたことによって,後4世紀末頃を最後に絶えてしまいました.

コラム　パピルスと紙

　今日，私たちが使っている紙は植物の繊維をすきとってつくられたものです．この紙が発明される以前の筆記用具として，もっとも有名なのが英語の paper をはじめ，ヨーロッパ諸語の語源にもなっているパピルス草からつくられた紙でしょう．

　パピルス草はカヤツリグサの仲間で，和名をカミカヤツリといいます．茎の断面は角の丸い三角をしており，この髄を薄くそぎ，短冊状のものをつくります．それを縦に並べ，その上に横に並べて重ね，重しをかけて乾燥させたものがパピルス紙です．

　使うときは表面のけば立ちをおさえるために石や象牙で磨きをかけていました．また，つくるときは一定の大きさのシート状でしたが，文書量に合わせて，上記の要領で継ぎ足し，巻き物にしました．

　地中海世界の古代文明では，この軽くて扱いやすい筆記用具は重宝され，手紙，記録用具として多用されました．当時，このパピルス市場はエジプト王家が独占しており，エジプトに多大な富をもたらせていたことが知られています．

　基本的にパピルス紙は，清書用，保存用のもので，たとえば繰り返し写される宗教文書などにしばしば用いられていました．政治，税収など経済の保存記録にも使われましたが，そうした場でのメモ，下書きには，板に石膏を塗った白板がもちいられていました．パピルス紙への清書が終われば，白板には石膏が塗り直され，何度も再利用していたのです．

第1章
ヒエログリフを書いてみよう！

1　ヒエログリフの特徴

　まるで空間ができることを恐れたかのように書き込まれたヒエログリフに接したとき，まずその文章がどこからはじまっており，どう読み進めるのか，それを見極める必要があります．以下にヒエログリフの特徴をまとめてありますので図版を見ながら楽しみながら読んでください．

ナクトの墓の壁画
　中央は死者の魂バァが来世と現世を行き来するための扉で，「偽扉」といわれている．その扉の前に家来が飲食物や衣類などを供えている．
　　新王国時代　第 18 王朝　前 1420 年頃　ルクソール西岸

① ヒエログリフは左からでも，右からでも書き表せます．

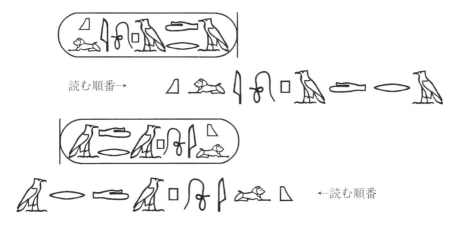

上には左右対称のものを上下に並べてあります．ヒエログリフは本来右から左に向かって書かれますが，なかには左から右に表されているものもあります．上のものは左から右へ，下のものは右から左へと読みすすめていきます．まず文章がどういう流れになっているかは，文中の人や動物の文字がどちらを向いているかで判断します．その文字が向いている方向（つまり動物の形であれば頭が向いている方向）から読みすすめていくのです．

② 並べ方はバランスを考えて美しく．

また，それぞれの文字はバランスよく組み合わせたり，詰めたりすることが好まれました．文字には，種類によって小さめに書くものとか，平たく書くものが

あります．この例は右から左に向かって書かれています．上段よりも下段の方が文字数が多いので，横長の文字，小さく書く文字の特徴を生かして，3文字，4文字と重ねたり，わずかな空き部分に文字を入れたりしている様子がわかります．ちなみにヒエログリフには句読点がありません．また文字と文字の間や単語と単語の間もスペースをあけずに書いていきます．

③　横書きでも，縦書きでもOK！

ヒエログリフは縦書きにすることもできました．下の例は，右半分は左上から右下へ，左半分は右上から左下へと読んでいきます．また人間の心理として，シンメトリー（左右対称）に安定性を感じ，好む傾向がありますから，当時の建造物ではそこに刻むヒエログリフもシンメトリーに配することが好まれました．

④　ヒエログリフにはアルファベットの要素があります．

ヒエログリフは象形文字や絵文字ではなく，基本的に音を表す文字なのです．英語のアルファベットと似た仕組みをもっています．次頁から詳しく勉強していきますので，頑張って覚えてみましょう．

2　アルファベット

　前にも触れましたが，ヒエログリフは，それがどんなに写実的に描かれたものであっても，そのものの意味をあらわすことはめったにありません．カタカナや平仮名，英文のアルファベットのように，音をあらわすだけの文字がほとんどで，1文字1文字の形に惑わされないようにすることが肝心です．

　ヒエログリフには約6000種類の文字があるといわれていますが，そのうち頻繁に使われているものはごく限られています．そのなかで1文字で1子音を表す，そのもっとも基本的なヒエログリフのアルファベットといえる文字が26文字あります．

アルファベットを書いてみよう

　ヒエログリフのアルファベットを1文字ずつ書いてみましょう．まず印刷されている文字をなぞってみてください．そして空欄部分に自分自身で書いてみましょう．参考までに，あるヒエログリフ研究者の手書き文字を添えておきます．練習の際は文字の特徴に注意することが重要ですが，古代の書記も間違えていたりするのですから，あまり神経質にならないでください．また文字がどのくらいの大きさで書かれるのかに注意してください．前にも触れましたが，文字のなかには常に小さく書かれるもの，もとの形が平たいものなどがあって，それらの文字は実際に書く場合は，無駄な空間ができないように工夫して書かれます．

　そして筆記具ですが，基本的には何でもかまいませんが，細めの硬質のペンなど，力の入れ具合が線にあらわれるものを使うと，雰囲気のある文字を書くことができます．

　それでは21ページから1文字ずつ練習していきましょう．

ヒエログリフのアルファベット一覧

ヒエログリフ	かたち	発音	ヒエログリフ	かたち	発音
	エジプト・ハゲワシ	a / ア		よりあわせた亜麻布	h / フ
	アシの穂	i / イ		胎盤（？）	kh / ク
	アシの穂2本	y / イ		雌の動物の腹と尾	kh / ク
	斜線2本	y / イ		かんぬき	s / ス
	前腕	a / ア		掛けた状態の布を横からみたもの	s / ス
	ウズラのひな	u, w / ウ		人工の池を上からみたもの	sh / シュ
	足	b / ブ		丘の斜面	k / ク
	アシのマット	p / プ		把手のあるかご	k / ク
	角のあるヘビ	f / フ		土器を置く台	g / グ
	フクロウ	m / ム		パン	t / トゥ
	さざ波	n / ヌ		動物をつなぐ縄	tj / チュ
	くちびる	r / ル		手	d / ドゥ
	よしず張りの囲い	h / フ		コブラ	dj / ジュ

エジプト・ハゲワシ ［発音：a］ 詰まった感じで「ア」と発音します．
　筆記するときに気をつけることは，くちばしをカギ型にして頭部を角張らせることです．

ヒエラティック　　　　　　単語例　　　アルファベット以外の文字は後の課で学習します．

　　　　　　［アベド］　アヒル

　　　　　　［アフウ］　困難

アシの穂 ［発音：i］ 英語のiと同じ発音です．
　縦長の文字の特徴に注意して書きます．他の文字との間隔はあけないで，できるだけ詰めて書きます．単語のはじめにくる場合，固有名詞などで「ア」と発音されることがあります．

ヒエラティック　　　　　　単語例

　　　　　　［イム］　そこ

　　　　　　［アテン］　アテン神

アシの穂2本［発音：y］ 英語のyと同じ発音です.

正方形のマス目に納めるなら，半分，あるいは3分の2ほどの幅で書きます．あまり間を空けすぎないほうがきれいです.

ヒエラティック　　　　　単語例

 ［キイ］ 別の

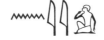 ［ニイ］ ニイ（新生児の泣き声）

斜線2本［発音：y］ 上と同じく，英語のyと同じ発音です.

アシの穂2本の代わりとしてもちいます．たとえば，エジプト・ハゲワシの文字と組み合わせるなら，右上，羽の上部の角を埋めるようにします.

ヒエラティック　　　　　単語例

 ［シイ］ 彼女を

 ［ウイ］ 何と！

前腕［発音：a］　aの音を喉の一番奥から強く発します.
　横長の文字です．正方形のマス目に入れるなら，3分の1ほどの幅で書き，上下に1文字，あるいは2文字入れて無駄な空間を埋めます．手の平は上向き．

ヒエラティック　　　　単語例

 ［アト］部屋

［アル］登る

ウズラのひな［発音：u, w］　英語のwと同じ発音です.
　やや縦長に書きます．全体的にひならしい形にします．未成熟の羽でその特徴をだします．

ヒエラティック　　　　単語例

 ［ウイ］私は，私に

 ［ウェベン］昇る

足［発音：b］　英語のbと同じ発音です．
　やや縦長に書きます．右のようにふくらはぎの部分は1本線に略する書き方が一般的です．

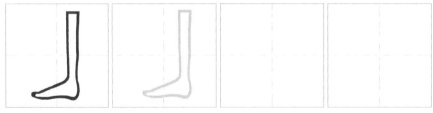

ヒエラティック　　　　　単語例

　　［ブウ］　場所

　　［ビン］　邪悪な

アシのマット［発音：p］　英語のpと同じ発音です．
　小さく書き，エジプト・ハゲワシの文字と組み合わせるなら，胸前の部分や右上，羽の上部の角を埋めるようにします．平らな文字ならば上下におきます．

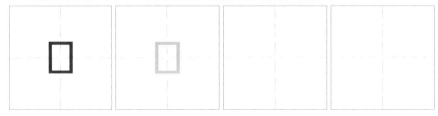

ヒエラティック　　　　　単語例

　　［ペト］　天

　　［ペテフ］　プタハ神

角のあるヘビ ［発音：f］　英語のfと同じ発音です．

横長の文字です．角が特徴です．正方形のマス目に入れるなら，3分の1ほどの幅で書き，上下に1文字，あるいは2文字入れて無駄な空間を埋めます．

ヒエラティック　　　　　単語例

　　　　　［エフ］彼は

　　　　　［セフ］昨日

フクロウ ［発音：m］　英語のmと同じ発音です．

ほとんどが横向きの文字のなかで，正面からみた顔が特徴的です．目とくちばしのラインをつなげて書きます．

ヒエラティック　　　　　単語例

　　　　　［マア］だれ，なに

　　　　　［メト］死ぬ

さざ波 [発音：n]　英語のnと同じ発音です．
　横長の文字です．ギザギザの数には，とくにこだわる必要はありません．とくに平たい文字なので1〜3文字を上下に重ねて書くのが一般的です．

ヒエラティック　　　　　単語例

　[ネフウ]　損害

　[ネカア]　考える

くちびる [発音：r]　英語のrと同じ発音です．
　横長の文字です．両端は尖らせて書きます．上下に1文字，あるいは2文字入れて無駄な空間を埋めます．

ヒエラティック　　　　　単語例

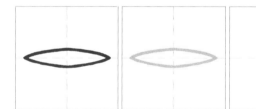　[レン]　名前

　[レク]　時代

よしず張りの囲い [発音：h]　日本語の「ハ行」よりやや弱い音.
　マス目に納めたときに，高さにして2分の1よりもやや小さめに書き，上下に1〜2文字の横長の文字を組み合わせます.

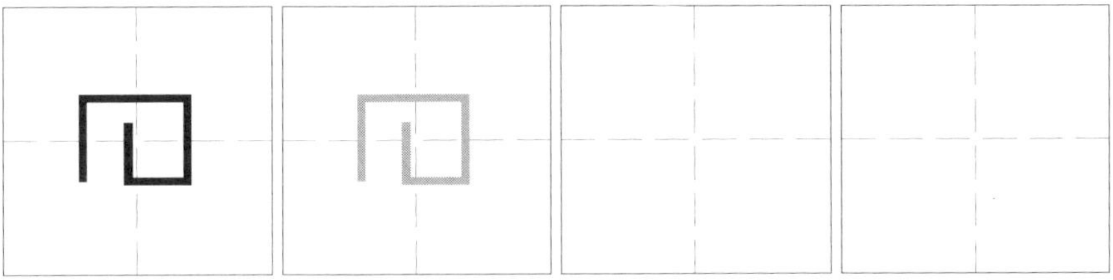

ヒエラティック 　　　　　単語例

[ハァブ]　（使者として）送る

[ヘルウ]　日，日中

よりあわせた亜麻布 [発音：ḥ]　喉の一番奥を緊張させて強く発する「ハ行」の音.
　縦に細長く書くこととともに，3つの輪をはっきりとさせてください．一筆書きしてうまく形がとれないときは丸を3つ重ねて書いてもいいでしょう.

ヒエラティック 　　　　　単語例

[ヘケル]　飢える

[ヘペト]　抱く

胎盤(?)[発音：kh]　軟口蓋に舌の付け根を接近させ、かすれた感じで出す「カ行」
　この文字は、彩色されている場合、緑色の丸に斜線が書かれますが、何をあらわしたのかはわかっていません。マス目では2分の1よりも小さめに書きます。

ヒエラティック　　　　　単語例

[ケピィ] 旅をする

[ケル] ...のそばに

雌の動物の腹と尾　[発音：kh]　さらに喉の奥で発する「カ行」の音．
　横長の文字です．左側の小さな楕円のまわりにある突起は、右のように誇張して書いたほうがわかりやすいです．上下に1～2文字重ねられるように．

ヒエラティック　　　　　単語例

[ケス] 弱った

[ケレド] 子供

かんぬき [発音：s] 英語のsと同じ発音です．
　平たく書きます．中央の丸い部分は，右の文字のように縦棒2本であらわすこともできます．単独で書くことはなく，鳥のような大きな文字とも組み合わせます．

ヒエラティック　　　　単語例

 [セネケト]　暗闇

 [セネヒイ]　記録する

掛けた状態の布を横からみたもの [発音：s] 上と同じく，英語のsと同じ発音．
　縦に細長く書く文字です．一筆で一気に書けばよいでしょう．他の文字との間隔はあけないで，できるだけ詰めて書きます．

ヒエラティック　　　　単語例

 [セフ]　昨日

 [セゲル]　沈黙

人工の池を上からみたもの［発音：sh］英語の push の sh と同じ発音です．
　横長の長方形を書くだけです．上下に1～2文字を重ねるのが一般的です．しばしばなかに波線を数本書くことがあります．

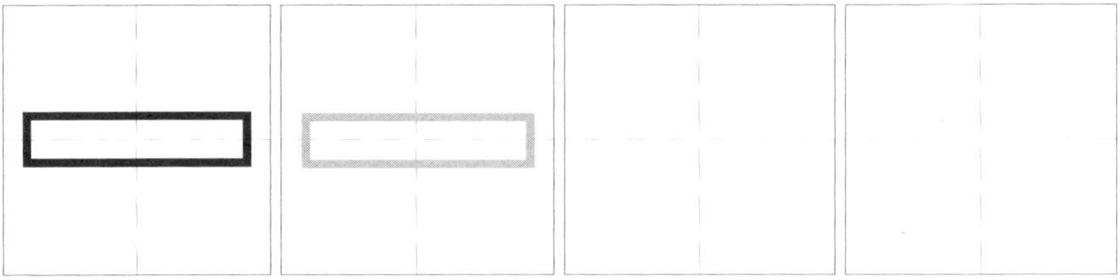

ヒエラティック 　　　　　単語例

［シェレト］　鼻

［シェレル］　小さい

丘の斜面［発音：k］喉の一番奥から発する「カ行」の音．
　斜面の部分は，右のように直線にしてしまってもかまいません．小さめに書いて，前後の文字の空きを埋めるように配します．

ヒエラティック 　　　　　単語例

［ヘケル］　飢える

［ケン］　攻撃する

30

把手のあるかご ［発音：k］ 英語のkと同じ発音です．
　浅い丸底のカップのつもりで書けばいいでしょう．一般的に，上下に1文字，平たい文字なら2文字重ねます．

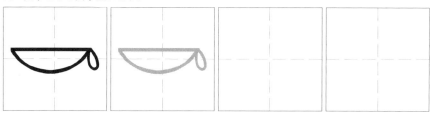

ヒエラティック　　　　　単語例

 [カア] …について考える

 [キイ] 別の

土器を置く台 ［発音：g］ 英語のgと同じ発音です．
　中央の三角は台にあけられた穴ですが，右の文字のように三角マークをつけるだけでも十分です．マス目では2分の1よりも小さめに書くようにします．

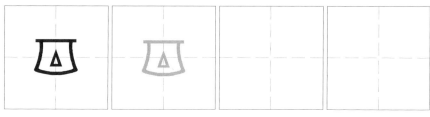

ヒエラティック　　　　　単語例

 [ゲレト] さて

[ゲル] 静かになる

パン［発音：t］ 英語のtと同じ発音です
　小さく書き，エジプト・ハゲワシの文字と組み合わせるなら，胸前の部分や右上，羽の上部の角を埋めるようにします．

ヒエラティック　　　　　単語例

［トゥウト］　似姿

［テケン］　近づく

動物をつなぐ縄［発音：tj］ 日本語の「チャ，チュ，チョ」と同じ発音．
　横長の文字です．一般的には，上下に1〜2文字を重ねて，無駄な空きができないように書きます．

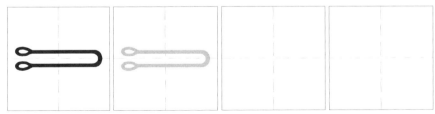

ヒエラティック　　　　　単語例

［チェン］　あなたを

［セチェブ］　跳び上がる

手［発音：d］　英語のdと同じ発音です．
　横長の文字です．右のように親指の部分はラインだけでも手の特徴をあらわすことができます．一般的には，上下に1〜2文字を重ねて書きます．

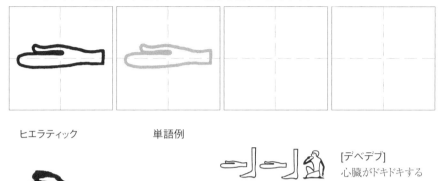

ヒエラティック　　　　　単語例

[デベデブ]　心臓がドキドキする

[デル]　征服する

コブラ［発音：dj］　日本語の「ジャ，ジュ，ジョ」と同じ発音です．
　マス目を大きく使いますが，左下の角が大きく空くので，ここに次に続く文字を入れて空間を埋めます．右のようにラインだけでも構いません．

ヒエラティック　　　　　単語例

[ジェド]　言う

[ジェト]　永遠

3 ヒエログリフで自分の名前を書いてみよう

これまで学習したことをふまえて次頁からのヒエログリフ五十音表を使って，自分の名前を書いてみましょう．その際いくつかの約束事がありますので以下に挙げておきます．

1 e, o の音はそれぞれ 〔 と 〕 で代用します．

例：江藤 →　　　　　　　　織田 →

2 長母音は同じ音を重ねて書きます．

例：大野 → 　　　　　　　　飯田 →

3 促音（詰まる音）は次の音を重ねて表します．

例：新田（にった）→

　　堀田（ほった）→

4 姓・名の順で書いてみましょう．

例：田中良子（たなか・よしこ）

5 日本人以外の名前を綴るときは，以下の文字で表してください．

c は ▌ または ━ ，ch は ━ ，l は ━ ，q は △ ，v は ▐ ，x は ━▌ ，y は ▐▐ ，z は ━━

 ヒャ hya	 ヒュ hyu	 ヒョ hyo
 ミャ mya	 ミュ myu	 ミョ myo
 リャ rya	 リュ ryu	 リョ ryo
 ギャ gya	 ギュ gyu	 ギョ gyo
 ジャ ja	 ジュ ju	 ジョ jo
 ビャ bya	 ビュ byu	 ビョ byo
 ピャ pya	 ピュ pyu	 ピョ pyo

苗字・名前の例

ちなみに五十音表を使って「徳川家康」と書いてみると以下のようになります．

「いえやす」の部分でアシの穂の文字が続き複雑になるので，あえて例に挙げてみました．「い」「や」についてはアルファベットの「斜線2本」の文字に置き換えてみました．もうひとつ例を挙げておきましょう．
「福沢諭吉」の場合は以下のようになります．

欧米人の名前の例

欧米人の名前を表す例をここでふたつ挙げておきます．
初代アメリカ大統領ジョージ・ワシントン（George Washington）を例にとってみます．

また，アイザック・ニュートン（Isaac Newton）の名前もヒエログリフで綴ってみましょう．

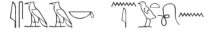

やってみよう

1　次のヒエログリフで書かれた名前は誰か考えてみよう．ちなみに1と2は歴史的に有名な日本人，3と4は欧米人の名前です．

1

2

3

4

2　次の地名をヒエログリフで表してみよう．

1　銀座　_____

2　日本橋　_____

3　大阪　_____

4　鳥取　_____

4　2子音文字と3子音文字

　20頁で紹介した26文字は英語のアルファベットと同じく，一文字で1音を表すものでした．しかしヒエログリフにはそれだけではなく，一文字で2音，または3音を表す文字があります．それらは2子音文字，3子音文字とよばれる文字です．ここではその中から代表的なもの，そして本書でこれからでてくるものを中心に学習していきましょう．

　実際のヒエログリフの文章をみてみると，一文字で1音だけのアルファベットは少なく，こうした2子音文字や3子音文字などのほうが圧倒的に多くでてきます．

　もちろんヒエログリフのアルファベットだけでそれらの文字の音をあらわすことはできるのですが，かなり読みにくいものになります．たとえば平仮名ばかりの日本語の文章を想像してみてください．文の切れ目どころか，単語の切れ目さえもわかりにくくなってしまいます．ヒエログリフの文章でもアルファベットばかりで書きあらわすと同じ文字が重複し，まとまりが分かりにくい文章になってしまうため，ここで学習する2子音文字・3子音文字を用いるのです．

　次頁から，代表的な2子音文字，3子音文字を紹介するとともに，それらが1子音文字ではどのように分解できるかを示していきます．

本書で扱う2子音文字・3子音文字一覧

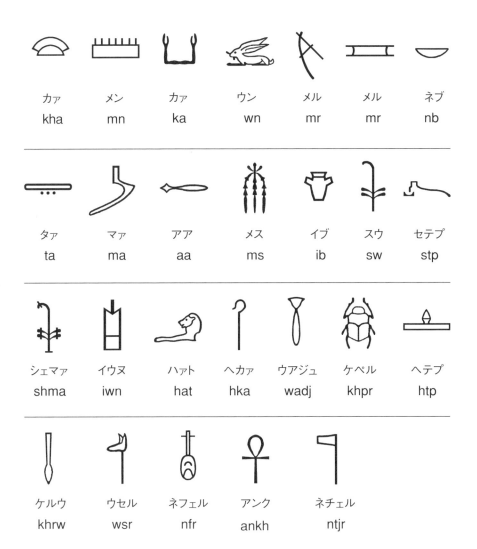

主な2子音文字・3子音文字とその発音

かたち		アルファベット表記	発音
⌒	日の出前、地平線に日光がさすようす	⊖ 〳	カァ　kha
	単語例	⌒〳❘	[カァ]　輝いて現れる
⊥⊥⊥⊥⊥	セネト・ゲームの盤	𓅓 〜	メン　mn
	単語例	⊥⊥⊥⊥⊥〜𓅓🧍	[メンチュウ]　メンチュウ神
U	両腕（カァ[魂]）	◡ 𓅓	カァ　ka
	単語例	U❘	[カァ]　カァ（魂）
		＊ 左の縦棒の記号を付けるとその文字のもつ「かたち」が意味になります．
🐇	野ウサギ	𓅱 〜	ウン　wn
	単語例		[ウネン]　存在（する）

かたち		アルファベット表記	発音	
鋤（すき）			メル	mr
	単語例		[メルウト]	愛, 希望
運河			メル	mr
	単語例		[メル]	運河
籠			ネブ	nb
	単語例		[ネベト]	女主人
平地（3つの点は砂粒）			タァ	ta
	単語例		[タァウィ]	2つの国

かたち		アルファベット表記	発音
	鎌		マァ　ma
	単語例		[マァウト]　新しいもの
	木製の柱〈立てて書くこともある〉		アア　aa
	単語例		[アア]　偉大な
	まとめられたキツネの皮が3枚		メス　ms
	単語例		[メス]　子供
	心臓		イブ　ib
	単語例		[イブ]　心臓

かたち	アルファベット表記	発音
スゲ	𓇓	スウ sw
単語例		[ネスウ] 王（上エジプトの）
手斧と木材		セテプ stp
単語例		[セテプ] 選ぶ
大地にはえるスゲ		シェマァ shma
単語例		[シェマァウ] 上エジプト
上部にほぞのある石柱		イウヌ iwn
単語例		[イウヌ] 柱

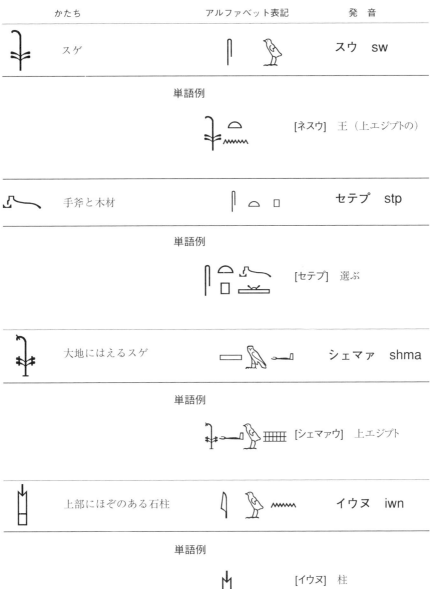

	かたち	アルファベット表記	発音
	ライオンの頭部と前脚		ハァト　hat
単語例			[ハァトア]　最初
	笏杖・牧童の杖 (上エジプト王の象徴)		ヘカァ　hka
単語例			[ヘカァ]　支配する
	パピルスの花と茎		ウアジュ　wadj
単語例			[ウアジュ]　緑の，新鮮な
	フンコロガシ (タマオシコガネ)		ケペル　khpr
単語例			[ケペル]　現れる，…になる

かたち	アルファベット表記	発音
アシのマットに置かれたパン		ヘテプ　htp

単語例

 [ヘテプ] 満足する

かたち	アルファベット表記	発音
船のオール		ケルウ　khrw

単語例

 [ケルウ] 声

かたち	アルファベット表記	発音
イヌ科動物の頭と首		ウセル　wsr

単語例

 [ウセル] 力強い

かたち	アルファベット表記	発音
気管と心臓		ネフェル　nfr

単語例

 [ネフェル] 良い, 美しい

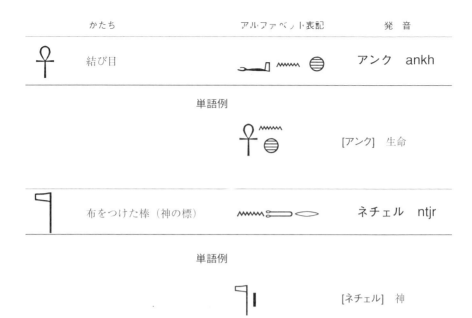

2子音文字・3子音文字とアルファベットの関係

　2子音文字・3子音文字は，しばしばアルファベットと一緒に用いられます．ここでは，アルファベットが2子音文字や3子音文字に対してその振り仮名，送り仮名の役割を担ったり，また2種類の読み方のある文字の発音を明らかにするために使用される例を紹介していきます．

振り仮名，送り仮名の例
　以下に示す2子音文字・3子音文字はそれにつづくアルファベット（2子音文字・3子音文字の場合もある）と一部の音が重なっています．そこに注意して読んでみましょう．

khpr(r)　ケペル　　　nfr(fr)　ネフェル

htp(tp)　ヘテプ　　　(khr)khrw(w)　ケルウ

2種類の読み方を区別する例
　2子音文字・3子音文字の中には，2種類の異なる読み方をする文字があります．その文字の発音を明確にするために，アルファベットが用いられる場合があります．たとえば という文字には「セク」と「ウアフ」という2種類の読み方があり，この2つの読み方のうちどちらで読まれるのかをこの文字に続くアルファベットで表します．

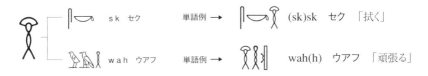

sk セク　　単語例→　(sk)sk　セク　「拭く」
wah ウアフ　単語例→　wah(h)　ウアフ　「頑張る」

やってみよう

1 次のヒエログリフをカタカナに直してみましょう．

1

2

3

2 次のヒエログリフをカタカナに直してみましょう．

1

2

3

5　どのように発音するのか

　ヒエログリフで記された古代エジプト語ですが，実はヒエログリフには母音にあたる文字がありません．私たちの使っている日本語でいうなら「ア」「イ」「ウ」「エ」「オ」が母音ですが，ヒエログリフにはその母音がないのです．

　そのため，子音の連続であるヒエログリフはそのままでは発音ができません．実際，ヒエログリフの発音については，正直なところ当時の人々しか知りようがない，というのが現状なのです．ただそれではヒエログリフの文字について研究したり学習したりするうえで非常に困難を伴いますので，研究者の間で次のような約束事を設けました．子音と子音の間には「エ (e)」を補い，また子音一文字の場合はその前にエ (e) を，そして最後の文字の後ろには「ウ (u)」の母音を補うというものです．また次の文字が a, i(y) ,u(w) の際には e は補わず，a, i(y) ,u(w) の音を重ねます．

　しかし，これまで学習したヒエログリフの文字のなかにはいくつか母音の音が含まれていました．じつは本書などのヒエログリフ入門書において，それらは便宜的に母音として用いられているだけで本来は子音の音なのです．

　　　　　　　djsr → dj**e**s**e**r**u** ＝ジェセル

　　　　　　　n → **e**n ＝エン

　　　　　　　shma → sh**e**maa ＝シェマァ

コラム　コプト文字とヒエログリフ

　前6世紀頃から，エジプトは地中海世界で勢力を拡大してきたギリシアの影響を強く受けるようになり，さかんに交易もおこなわれるようになりました．前332年，マケドニアのアレクサンドロス大王に支配されて以降，プトレマイオス朝時代には，ますますギリシア色が強くなり，かなりひんぱんにエジプトでもギリシア語が使われていたと考えられています．そうした環境にあって，古代エジプトの言葉がギリシア文字に置き換えられたのは自然なことだったのでしょう．前30年，エジプトがローマの属領となってから200年ほど経ったときでも，エジプトでは古代エジプト語が使われていましたが，3世紀頃になって，ギリシア語の24文字と，ギリシア語の発音にはない7文字をデモティックから採用する方法で，古代エジプト語を記録する方法が確立していきました．

　この言葉を古代エジプト語と区別してコプト語，それら31文字をコプト文字とよびます．ちなみに「コプト」とは，当時，ギリシア語でエジプトのことをさす「アイギュプトス」という言葉が，アラビア語に移入されるときに略され，なまって「グプト」とよばれたことに由来します．

　ところで，コプト語がエジプトに普及したのと同じ頃，エジプトに普及したキリスト教，キリスト教徒のことを，特別にコプト教，コプト教徒とよびます．コプト教は，もともとキリストの十二使徒のひとり聖マルコがエジプトに伝えたキリスト教で，キリストは人性と神性が一致結合したものとするキリスト単性論を唱えています．ところが，392年に単性論を否定する正統キリスト教がローマの国教と定められ，他の宗教，宗派がすべて否定されたことでコプト教は異端とされ，キリスト教とはよばれなくなったのです．

　エジプトではコプト語訳の『聖書』があらわされ，儀式もコプト語でおこなわれました．しかしこのコプト語も，7世紀，アラブ人の侵攻によるアラビア語の導入があって衰退し，中世にはコプト教会内での宗教儀式でのみ使用されるだけになってしまいました．ヒエログリフの解読を試みた人々はこのコプト語に注目し，解読の手掛かりを探りました．古代エジプトの名残を留める言語ですから，得ることも多かったのですが，忘れ去られたものも多く，ほとんどのヒエログリフの発音に関しては復元することができませんでした．

6　決定詞

　ヒエログリフの文章を構成する文字のなかで，もっとも重要な働きをしているものが「決定詞」とよばれている文字です．これまでヒエログリフは，そのほとんどが音をあらわすだけの文字であって，絵文字そのものの意味をあらわすことはまれであるということを強調してきました．しかしそれだけでは，私たちが仮名文字だけの文章に対しているのと同じで，読みにくく意味のとりにくい文章になってしまいます．例えば次のような言葉が出てきたらどうでしょうか．

　　サクラ

　一般的には木の桜を指すのでしょうが，そうかといって他の可能性がないとは限りません．人によって意味を違えてとる可能性もあります．馬肉の「さくら」なのか，町の名前である「佐倉」なのか，それとも客のふりをして寄せ集まった人々を指す「さくら」なのか，いろいろな可能性があります．

　文脈でもわかりますが，日本語では，漢字を用いることでその問題をおおかた解消することができます．その問題は古代エジプト人にとっても同じで，意味をはっきりさせるために，アルファベットや2子音文字・3子音文字であらわされた単語の後ろに，発音はしないものの意味づけをするためだけの文字をもちいたのです．それが決定詞とよばれるものです．同じ発音をする単語であっても，決定詞が違えばまったく異なる意味になるのです．

日本語で「サクラ」と発音する単語をヒエログリフであらわしてみる

発音：サクラ

意味：桜
決定詞：木

意味：さくら
決定詞：すわる男

意味：さくら肉
決定詞：骨付き肉＋ウマ

意味：佐倉（市）
決定詞：町

実際のヒエログリフの単語で決定詞の使い方を見てみましょう．

ナイル川での交通機関として発展していた船の帆と帆柱を表した文字が決定詞として用いられている単語を以下に挙げます．この決定詞は，実際には目に見えない，空気の動き，風や息といった単語の意味を決定します．

これらの単語はどれも最後についている帆と帆柱の文字があってはじめてそれぞれの意味をもつのであり，それ以外の文字は音を表すだけで，文字の見た目の形はまったく関係ありません．まだ勉強していない文字も出てきますが，ここでは決定詞の使い方にだけ注目してください．

「帆と帆柱」の文字が決定詞としてもちいられている主な単語

 意味：乾いた
読み：ケム

 意味：嵐
読み：ジャウ

 意味：息，風
読み：チャアウ

 意味：航海する
読み：ヘタウ

 意味：北風
読み：メヒィト

上で紹介した「ケム」と読む単語に注目してみます．胎盤と考えられている文字とフクロウの文字は両方ともアルファベットで，2文字で「ケム」と読みます．しかし後ろにつく決定詞によってまったく異なる意味の単語になります．

「ケム」と発音する単語

 意味：乾いた
決定詞：帆と帆柱

 意味：知らない
決定詞：広げた両腕

 意味：あたたかい
決定詞：炎をあげる火鉢

 意味：聖なるもの
決定詞：ミン神の標＋すわる男神

 意味：破壊する
決定詞：傾いた神殿＋棒をもった腕

それでは次頁から主な決定詞を1文字ずつ見ていきましょう．

本書で扱う決定詞とその表す意味の一覧

記号	意味	記号	意味	記号	意味	記号	意味
	人一般, 職業		育てる		抱く, 包む, 開く		火, 料理, 熱い
	女性一般, 職業, 神名		疲れる, 弱い		踏む		空気の流れ, 風, 息, 帆
	人々, 職業		敵, 謀反者		行く, 急ぐ, 止まる		武器や工具などの金属製品
	若い, 子供		死ぬ, 敵		苦しい, 腫れた		砂, 砂金, 種, 薬
	年長の, 首長		死ぬ, 死		鳥, 昆虫		大地, 国, 境
	役人,（王の）友人		ミイラ, 像, 姿形		小さい, 狭い, 悪い, 滅びる, 病気の		道, 場所, 距離感
	高貴な		髪, 皮膚, 滅びる		木		沙漠, 山, 外国, 墓地
	神		見る		草, 花, 軽い		投げる, 外国人の総称
	王		鼻, 嗅ぐ, 喜ぶ		ブドウ, 果物		町, 州, エジプト
	高い, 楽しい, 嘆く		聞く		穀物, 計る		部屋, 王宮, 墓, 地位
	讃える, 祈願する		歯, 噛む, 笑う		穀物, オオムギ		縛る, 緩める, パピルスの巻物, 手紙
	打つ, 奪う, 力強い		運ぶ, 力仕事		天, 空		鋭い, 切る, 殺す
	食べる, 飲む, 話す, 考える, 感じる		捧げ物をする, 供える		太陽, 日, 時		耕す, 壊す
					夜, 闇		書く, 手紙, 書物, 抽象概念

主な決定詞とその表す意味

決定詞	かたち／表す意味	左の決定詞を用いる単語例
	すわる男 人一般，職業	[ヘカァ] 支配者
	すわる女 女性一般，職業，神名	[セト] 女
	すわる男と女＋複数記号 人々，職業	 [ハァウ] 親類縁者
	指しゃぶりをする子 若い，子供	[メス] 子供
	杖をつく腰の曲がった男 年長の，首長	 [セメスウ] 年長者
	右手に杖と左手に布の男 役人，（王の）友人	[セル] 貴族

連笏をもつ男
高貴な 同義語：連笏を持ってすわる祝福を受けた死者

 [アメンヘテプ] アメンヘテプ
（ある貴族の名）

 すわる男神
神 同義語：旗竿にとまるハヤブサ

[アメン] アメン神

 すわる王
王 同義語：連笏を持ってすわる王

[ネスウ] （上エジプト）王

 両手をあげる男
高い，楽しい，嘆く

 [カァイ] 高い

 祈る男
讃える，祈願する

 [イアウ] 讃える

 棒で打つ男
打つ，奪う，力強い

 [アウン] 強欲な

 手を口にあてる男
食べる，飲む，話す，考える，感じる

 [アシュ] 呼び出す

ひざに子を抱く女性
育てる

 [レネン] 子守りをする

 へたりこむ男
疲れる，弱い

 [ベデシュ] 弱る

 しばられた男
敵，謀反者

 [ケフェティ] 敵

 血を流して倒れる男
死ぬ，敵

 [メト] 死

 寝かせたミイラ
死ぬ，死

 [ネブ・アンク] 棺

 立たせたミイラ
ミイラ，像，姿形

 [トゥウト] 似姿（彫像）

 髪
髪，皮膚，滅びる

 [ウシュ] 毛が抜ける

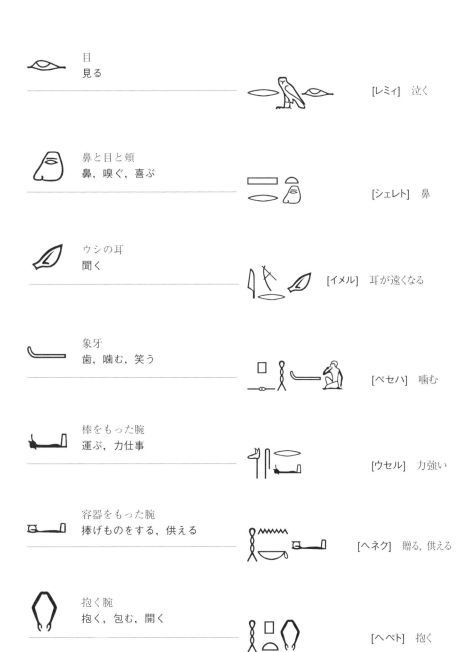

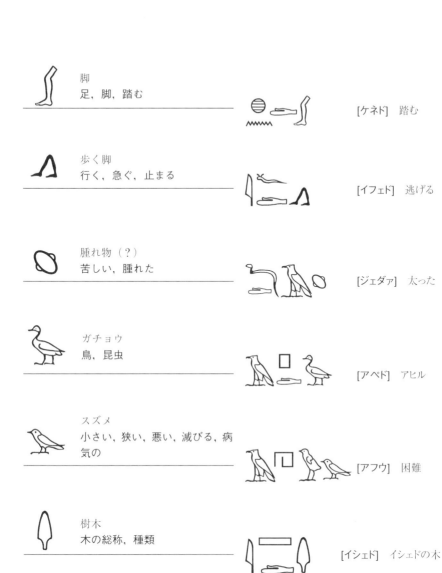

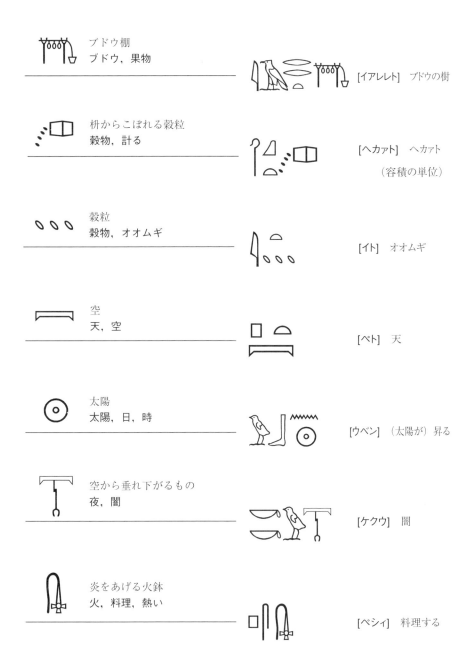

帆と帆柱
空気の動き，風，息，帆

 [ケム] 乾いた

金属のかたまり
武器や工具などの金属製品

 [アンク] 鏡

○○○ 砂粒
砂，砂金，種，薬

 [メフェカァト] トルコ石

灌漑用運河
大地，国，境
＊右は同義語：舌状地

 [アヘト] 耕地

道と街路樹
道，場所，距離感

 [アル] 登る

沙漠の山
沙漠，山，外国，墓地

 [カァシュ] クシュ（上ヌビア）

投げ棒
投げる，外国人の名称

 [ケマァ] 投げる

周壁と交差する道
町, 州, エジプト

 [ウヒイト] 村

 家
部屋, 王宮, 墓, 地位

 [アト] 部屋

結びひも
縛る, ゆるめる, パピルスの
巻物, 手紙

 [アレク] 知る

 ナイフ
鋭い, 切る, 殺す

 [メデス] 鋭い

 鋤
耕す, 壊す

＊2子音文字でもあります.

 [ケベス] 耕す

意味をより明確にするために, 2つの決定詞
が用いられている.

 封をしたパピルスの巻物
書く, 手紙, 書物, 抽象概念

＊立てて書くこともあります.

 [マァウト] 新しいもの

やってみよう

1　意味を考えて，次のヒエログリフのあいているところにふさわしい決定詞を下から選んで入れてみよう．

1　イシェドの木（発音：イシェド）

2　悪事（イセフェト）

3　知識（レク）

4　呼び出す（アシュ）

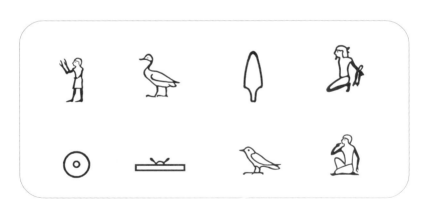

7　数字

　数をあらわす文字は，記号としてはもっとも古いものということができましょう．文字のような複雑さはなく，見分けるのも容易で，その仕組みさえわかってしまえば，すぐに読むことができます．

　当時の記数法をもちいるなら，100万の単位の数まであらわすことができました．その記数法は10進法にもとづき，足し算の考え方がその根本にありました．そのため，それぞれの位についてあらわす文字が決まっていたのです．

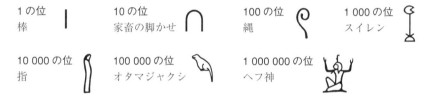

　足し算の考え方というのは，ある数を記すには，必要なだけ，10進法のそれぞれの位の文字を，もっとも大きな位からはじめて，小さい位へと，順に書けばいいのです．

　たとえば，1,243,659という数字をヒエログリフであらわしてみると次のようになります．

　10万の位，100の位，10の位，1の位の文字は重ねてコンパクトに書くことが好まれたようです．奇数の場合は，上段を多くします．2段，3段にする基準は特にありませんので，バランスを考えて並べてください．

数字の読み方については，時代によって異なりますので，参考までにとどめておいてください．

ヒエログリフ	算用数字	読み	ヒエログリフ	算用数字	読み
I	1	ウア	∩∩ / ∩∩	40	ヘム
I I	2	セヌウ	∩∩∩ / ∩∩	50	ディウ
I I I	3	ケメト	∩∩∩ / ∩∩∩	60	セル
I I / I I	4	ヘドゥウ	∩∩∩∩ / ∩∩∩	70	セフェク
I I I / I I	5	ディウ	∩∩∩ / ∩∩∩ / ∩∩	80	ケメヌ
I I I / I I I	6	セレスウ	∩∩∩ / ∩∩∩ / ∩∩∩	90	ペセディ
I I I I / I I I	7	セフェク	⟡	100	シェト
I I I I / I I I I	8	ケメン	𓆼	1,000	カァ
I I I / I I I / I I I	9	ペセジュ	𓂭	10,000	ジェバァ
∩	10	メジュ	𓅿	100,000	ヘフェヌ
∩∩	20	ジェバァ	𓁨	1,000,000	ヘフ
∩∩ / ∩	30	マァバァ			

やってみよう

1 ヒエログリフで書かれた次の数字を算用数字にしてみよう．

1 _____

2 _____

3 _____

2 次の数字をヒエログリフで書いてみよう．

1 25 _____

2 67 _____

3 689 _____

4 5780 _____

5 3246196 _____

6 2001 _____

3 下の浮き彫りは，ルクソール東岸，カルナクのアメン大神殿内に刻まれた供物リストの数字の一部です．実際に彫られている数字を算用数字に置き換えて，下の枠の中に入れてみましょう．

4 次も同じものです．算用数字にしてみましょう．（先に，奇数の場合は上段を多くすると書きましたが，ここでは下段の方が多くなっているところもあります）

　もちろんヒエログリフはこれだけではありません．細かな文法事項もあり，これらのことをマスターしないと文章は読むことはできませんが，神殿や墓の壁，工芸品など，限られたスペースに文字が書かれるときは，主要な単語だけで構成されていることが多いので，この章で学んだアルファベット，2子音文字，3子音文字，決定詞などで十分対応できます．それでは次章で王名，神々の名前，よく使われる表現などを見ていきましょう．

コラム　書記

　6世紀末，中国の隋の時代に「科挙」の制度が定められ，貴族による高級官吏職の独占を防ぎ，本当に実力のある者を採用して，政治の安定，強化が図られました．この考え方と同じように，古代エジプトでは，官吏や神官への道が開かれていた書記の採用にあたって，民間からの登用が行われていました．

　しかしいくら民間から採用されるからといっても，当時，子供たちは5～6歳頃から立派な労働力と考えられていましたので，日々の暮らしに追われる身分ではかなり難しく，下級役人や職人の長のような暮らしに多少余裕のある身分において，子供を書記にするための努力がなされていました．

　「勉強して書記になりさえすればいい暮らしができる」というような言葉が交わされたという記録も残っています．職業に貴賎はないといわれるものの，親心として，同じ働くなら少しでも体が楽で，危険がなく，裕福な生活を送らせたいと願うのはいつの世も変わらぬこと．古代においても親の心境はかわらず，書記にくらべて，他の仕事の過酷さや危険性などを滔々と述べている文書も発見されています．

　ところで，文字は古代エジプト語で「神の言葉」と言われ，神によって発明されたものと考えられていました．その文字を操ることができる人物は，一般の人よりも神により近い存在で，尊敬の的でした．古王国時代から王朝時代を通じて，王族や官吏らは自身の像をつくらせるとき，あぐらを組んで書板にパピルスを広げ，右手に持ったアシペンで文字を記すという，典型的な書記の姿をもとにしていました．このことからも特殊技能を身につけた書記が当時，いかに重用されていたかがわかります．

　しかし書記といえどもピンからキリまでありました．文章表現に長けた者，字をきれいに書ける者などはのちに官吏や神官に出世していきました．また，書記の地位を利用して私利私欲にはしり，悪徳官吏よばわりされる者までいたのです．

第 2 章

ヒエログリフを
読んでみよう!

1　王名を読む

　さてここからは第1章で学習した知識をもとに，実際に王の名前に挑戦してみましょう．

　実は，古代エジプト時代の王は，5つの称号で呼び分けられる名前をもっていました．前3100年頃の統一王朝以前からある名前は，古くから王権の守護神と考えられてきたホルス神によるもので，**ホルス名**と言われています．その名前は，「セレク」と呼ばれる王宮の門と中庭をかたどった四角い枠のなかに書かれました．「王宮のなかに居ます御方」というイメージだったのでしょうか．のちの時代になって王のことを「ペル・アア」（王宮）と呼ぶようになりますが，ここにもそのイメージが影響していることがわかります．ちなみに，エジプト王のことを「ファラオ」と呼びますが，これは「ペル・アア」という呼び名のギリシア語訛りと言われています．

　　セレクに書かれたホルス名

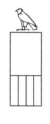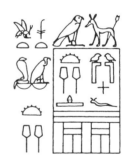

　上下エジプトを統合して統一王朝がはじまると，その事業を象徴する名前があらわれます．そのひとつが上エジプト（ナイル川の上流地域）の守護神，ハゲワシの姿のネクベト女神と下エジプト（ナイル川の下流地域）の守護神，コブラの

姿のウァジェト女神をかたどった名前，**ネブティ名**です．そして同じく，上エジプトの国土を象徴する水草のスゲと下エジプトの国土を象徴するミツバチをかたどった名前，**ネスウ・ビト名**もありました．ミツバチが下エジプトの象徴とされたのは，この地ではかなり古くから養蜂がおこなわれ，ハチミツが滋養の妙薬として珍重されていたためです．

ネブティ

ネスウ・ビト

　太陽信仰と深い関係の名前もありました．エジプトではほとんど雨が降ることはありません．毎日，太陽が空に昇ることが当たり前で，夕方にはきまって鮮やかな暮色を発し，一日が終わりました．闇の世界を過ぎると，また東の空に姿をあらわす，その様子に古代のエジプトの人々は，現世と来世（冥界）を往復する，再生復活，永遠の生命のあり方をみたのでした．
　そこで生まれたのが，ホルス名と黄金を象徴する文字を組み合わせた名前，**黄金のホルス名（ヘル・ネブウ名）**です．黄金は永遠に輝く太陽を象徴するものと考えられ，王権が永遠のものになることを願ったものといえましょう．

ヘル・ネブウ

そしてもっとも遅くあらわれた名前が，王が太陽神の息子であることを表した名前，サァ・ラー名です．

前2300年頃．この頃はすでに有名な巨大ピラミッドの時代は終わりを告げ，小規模のピラミッドとは別に太陽神を祀る神殿がそれぞれの王によって築かれるようになっていました．つまり王に巨大なピラミッドを築くだけの権力がなくなったということです．そのため王は，自分を国民に大きな影響力をもっていた太陽神ラーの息子であるとすることで，権力の維持に努めたのです．

サァ・ラー

セティ1世の王名表
　王朝の伝説の始祖メニ王からみずからまでの歴代の王名を記し，その正統性を示している．王の前には後継者ラメセス2世が立つ．新王国時代　第19王朝　前1300年頃　アビュドス

コラム　カルトゥーシュ

　王名を囲むこの枠は，もとは縄を輪に結んだ円の状態をあらわしたものです．古代エジプト語での発音は「シェン」．両端のある縄を結ぶことによって端（終わり）がなくなり，人はそこに「永遠」のイメージをもったのでした．楕円になったのは文字を入れるようになったからです．

　聖なる文字で書かれた王の名は，ときには王の存在そのものでした．歴代の王のなかには，後代の王によって，系統的，宗教的に異端とされたため，その名はその歴史から削除され，記念物からも名前が削られ，書き換えられるようなことも珍しくはなかったのです．ですから，王名を永遠を象徴する枠で囲むことで，亡くなっても王は来世にあって太陽とともに永遠に生きるということをあらわしたのでしょうし，枠で囲むということは守護することでもあったと考えられます．

　ところで，通称の「カルトゥーシュ」ですが，これはフランス語で発射する前の銃弾が入った薬莢のことです．1798年，エジプトに遠征したナポレオン軍の兵士や同行した学者が，象形文字の列の中にあるこの特殊な形の枠が，薬莢に似ていたので「カルトゥーシュ」と愛称していたものがそのまま学術用語としてもちいられるようになったのです．

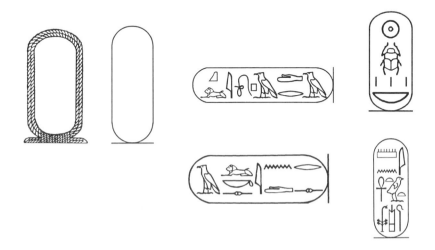

それでは実際に王名を読んでみましょう．

　下に挙げたのは，古代エジプト王の中でもっとも有名なツタンカーメン王の名前です．ふたつともツタンカーメン王の名前ですが，右側はカルトゥーシュの上に水草のスゲとミツバチがある3つ目の名前，ネスウ・ビト名で，左側は太陽神ラーの息子を表すサァ・ラー名です．またこのヒエログリフの文字は右側を向いていますので，右上から左下に向かって読んでいきます．それではこの王名から解読していきましょう．

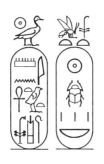
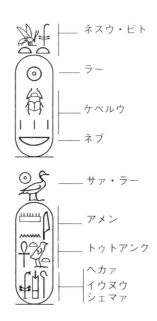

　最初に右側のネスウ・ビト名を解読します．カルトゥーシュの外側に置かれているのは「ネスウ・ビト」名です．そしてカルトゥーシュの中には4種類の文字があります．一番上は「太陽，時」を表す決定詞ですが，王名のところでは特別に「ラー」と読みます．そしてフンコロガシは「ケペル」と読む3子音文字でした．その下にある3本線は複数を表し，3本で「ウ」と発音します．最後の文字は2子音文字の「ネブ」です．全体の読みは，「ネスウ・ビト　ネブ　ケペルウ　ラー」です．読みの順序ですが，さまざまな形がありそれぞれの王名で覚えてい

くしかありません．ただ「ラー」は必ず最後に読みます．

次に左側のサァ・ラー名を見ていきます．カルトゥーシュの外側には「サァ・ラー」名，そしてカルトゥーシュの中は全体で3つに分けられます．一番上のブロックは3文字で「アメン」と読みます．「アシの穂」はアルファベットのiなのですが，語頭に来る場合はaと読みます．そして次の文字は2子音文字でmnを，次の文字は「さざ波」のアルファベットでnを表しますが，この場合は前の文字の振り仮名の役割を担っています．次のブロックはアルファベットが3つ続きこれで「トゥト」と読みます．その横の文字は3子音文字の「アンク」です．最後のブロックは王名を修飾する語ですが，まだ未習ですのでここでは無視してください．ちなみに読み方は「ヘカァ・イウヌウ・シェマァ」です．3つのブロック全体で「サァ・ラー　トゥトアンク　アメン　ヘカァ・イウヌウ・シェマァ」と読みます．

このようにツタンカーメンの正しい発音は「トゥトアンクアメン」となります（これからはツタンカーメンではなく，トゥトアンクアメンと表記します）．ここで見てきた王名はトゥトアンクアメンの坏に書かれたものです．下にその写真を出しておきますので，実際はどのように書かれているのか見ておいてください．

トゥトアンクアメンの坏
　アラバスター製の儀式用の坏です．坏本体も把手もミズユリとよばれる水生の花をかたどったものとなっています．把手の花にすわるのは100万の数字の文字にもなっているヘフ神で，永遠を象徴しています．そのヘフ神がもっているのは生命の象徴であるアンクですから，把手の部分だけで「永遠の生命」という意味になっているのです．カイロ・エジプト博物館蔵（新王国時代第18王朝　前1330年頃）

それではもうひとつ別の例を見てみましょう．ここに挙げた写真はヘリオポリスにあるオベリスクです．以下に示した3つの王名があるのがわかると思います．ひとつずつ解読していきましょう．

 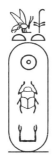 

それではまず最初に，一番上に見えるセレクで囲まれた王名を読んでみましょう．このようにセレクで囲まれているのは，最も古くからある名前，ホルス名です．72ページで触れましたが，セレクは王宮の門と中庭を表し，その中に王の名前が書かれました．

そのセレクの上におかれているのが，ホルス神を表す文字です．セレクと必ず一緒に書かれます．それではセレクの中にある文字を読んでいきましょう．右上の文字は3子音文字の「アンク」，その左側は2子音文字の「メス」，そして右下がアルファベットのtでその左が同じくアルファベットのu（w）です．全体で「アンクメステウ」と読みます．

次にネスウ・ビト名を読んでみましょう．こちらはカルトゥーシュに囲まれて

います．カルトゥーシュの外側は上下エジプトの象徴である，水草のツゲとミツバチをかたどった文字が描かれています．カルトゥーシュの中には，太陽や時を表す決定詞が見えます．しかしこの場合は76ページでも触れましたが，王名のところでは特別に「ラー」と発音します．その下が3子音文字の「ケペル」，一番下が2子音文字の「カァ」です．読む順序は，「ラー」を一番最後に読みます．それで全体で「ケペル・カァ・ラー」となります．

　最後にサァ・ラー名を読んでいきます．カルトゥーシュの外側は太陽神ラーの息子であることを表した文字です．カルトゥーシュの中は右上から，3子音文字の「ウセル」，アルファベットのs，r，t，sとつづき，最後もアルファベットのnです．読む順序は，最後の2文字をはじめに読み，後は上から読んでいきます．カルトゥーシュの中の2番目と3番目の文字は3子音文字「ウセル」の振り仮名の役割を担っていますので，全体で「センウセレト」と読むことができます．

　この王はセンウセレト1世で，積極的に海外遠征や鉱山の開発に着手し，国内にも各所に建造物を残しました．このオベリスクにはセンウセレト1世の3つの名前が彫られていたのです．

ヘリオポリスのオベリスク

　ヘリオポリスは太陽神ラーの信仰の中心地でした．現在のカイロ空港からカイロ市内に向かう途中にある高級住宅街，ヘリオポリスのマタレイア地区の北にあり，アラビア語で「アイン・シャムス（太陽の町）」とよばれています．その語源となった「ヘリオポリス」という地名そのものも，ギリシアの太陽神「ヘリオスの町」という意味です．おそらく歴代の王による巨大な神殿群が存在したものと思われますが，今日では，それら施設の一部だったであろう，この中王国時代第12王朝の王センウセレト1世のオベリスクが1本残るだけなのです．前1990年頃，高さ約20 m

やってみよう

　次の王名は，これまで紹介してきたアルファベットや2子音文字・3子音文字だけで読むことができる古王国時代の有名な王の名前です．読んでみましょう．

　名前ではしばしば文字を読む順序が異なります．ここでは太陽神を象徴する文字（ラー）については，名前ではかならず，最後につけて読みます．

　いずれの王もカルトゥーシュによるもうひとつの名前，「サァ・ラー」（太陽神ラーの息子名）はもっていない時代の王です．

　4の「両腕」の文字3つは，複数のあらわし方のひとつです．発音は1回だけで最後に「ウ」を加えます．トゥトアンクアメンのネスウ・ビト名を参考にしてください．

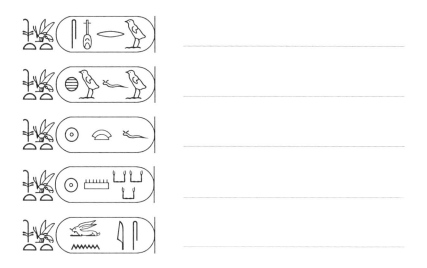

いろいろな王名

 スネフェル 古王国時代第4王朝 紀元前2575年頃～紀元前2551年頃

　屈折ピラミッド，赤ピラミッド，など5基ものピラミッドを造営する．またリビア，ヌビア，レバノンなどへ積極的に遠征隊を派遣し，多くの利益をもたらした．

 クフ 古王国時代第4王朝 紀元前2551年頃～紀元前2528年頃

　ギザの大ピラミッドの主として有名．しばしば「ケオプス」と呼ばれるのは，ギリシア語の名前から．

 カフラー 古王国時代第4王朝 紀元前2520年頃～紀元前2494年頃

　クフ王の2番目の息子で，ギザの第2ピラミッドの主．参道横のスフィンクスは有名だが，最近はその建造時期などからこの王のものであるかどうかは疑わしいとされる．

 メンカウラー 古王国時代第4王朝 紀元前2490年頃～紀元前2472年頃

　ギザの第3ピラミッドの主．ピラミッド建造のために，千キロ以上も離れたアスワンから花崗岩を運ぶなどの大事業を行った．

ペピ2世 古王国時代第6王朝 紀元前2246年頃～紀元前2152年頃

　古王国時代最後の王．わずか6歳で王位を継承．以後，60数年とも90年ともいわれる治世に次第に王の権力は衰退し，中央集権体制も崩壊していく．

メンチュヘテプ2世 中王国時代第11王朝 紀元前2060年頃～紀元前2010年頃

　ペピ2世以降乱れていた国内を統一．ヌビアへも活発に遠征を行う．

アメンヘテプ1世 新王国時代第18王朝 紀元前1525年頃～紀元前1504年頃

　王家の谷の開発のために労働者の村を建設したことから，新王国時代を通じてその地，デイル・アル＝メディーナでは始祖として崇拝の対象となる．

ラメセス2世 新王国時代第19王朝 紀元前1290年頃～紀元前1224年頃

　エジプト史上もっとも多くの建造物を残す．有名なカディシュの戦いではヒッタイト軍と最古の国際条約といわれる平和条約を結んだ．

2　神名を読む

　古代ギリシア以前，古代エジプトでは，天地を創造した神，神となった王や偉人，そして多くの自然神がおり，さまざまな神性をたずさえて，人びとの生活にかかわっていました．

　古代エジプト時代の人々は，自分たちの目的や願いがかなうよう，自然崇拝の動物神，農耕神，そしてみずからの力にめざめて以降の人間の姿をした神など，さまざまな容姿を建築物や工芸品にあらわしているのです．

　国家が統一されてまもなくは，王が国家を守護する神そのものであり，絶対的な権力をもつものと考えられていました．しかし度重なるピラミッド造営事業などで国家の財政が苦しくなると，国民の間に不信感がめばえ，そのため王は，自然界にあって太古から神的な存在だった太陽神ラーの「子」の地位に自らをおき，王権の維持に努めました．

　エジプト人にとって，もっとも畏敬の念をもって崇拝されていたものが太陽神ラーでした．エジプトでは一年のうちで丸一日太陽が姿を見せない日はまずなく，明るく，暖かな光を放つ太陽のお陰で，この世に生命をもつすべての生き物はあり続けることができると強く信じられていたのでしょう．その太陽神ラーが，エジプトの歴史上初めて，国中の人々から崇拝されるようになったのです．またその太陽神ラーには，最初に生まれた老いた太陽であるアトゥムや，新王国時代に唯一神として祀り上げられた太陽光線のアテンなど，太陽のさまざまな状態によって区別された神性も含まれていたようです．

　大きくみて，古王国時代以降，太陽信仰はエジプト全土に広がっていましたが，中心地のヘリオポリス周辺でとくに強力で，首都がテーベに移った中王国時代第11王朝には，メンチュヘテプ（「メンチュ神は満足する」という意味）という王の名にもあるように，テーベに近い王の出身地の守護神メンチュが太陽神ラーと

習合して高位にあがるという現象もおこりました．

　中王国時代第12王朝には，テーベのアメン神を守護神とするアメンエムハト（「アメン神は力強い」という意味）王が即位し，第11王朝のメンチュ神に対抗するために首都を古王国時代の首都メンフィスの近くに遷しますが，このときに太陽神と習合することで王は宗教面のバックアップを強力なものにしました．

　エジプトが世界的にも強権を誇る新王国時代の王は，出自がテーベで，始祖がアメンヘテプ（「アメン神は満足する」という意味）であるように，アメン神の地位が最高になり，王とともに世界に広まり，そのまま国家を代表する神となりました．やがてアメン神は王権とは別に一人歩きするまでに権力をもち，のちにエジプトを征服することになるアレクサンドロス大王さえも拝させることになったのです．こうした信仰の形も先に紹介した王名にはあらわれているのです．

神名の特徴

　それでは第1章で学習したアルファベットや2子音文字・3子音文字などから神の名前を読んでいきましょう．実際に神名はどのように書かれているのでしょうか．

　まずは下の枠内の文字を見てください．どれも神名を表しています．どのような特徴があるか考えてみましょう．

この9語はいくつかのグループに分けられそうです．それは最後の決定詞による分類です．「旗竿にとまるハヤブサ」「すわる男神」「すわる女」「コブラ」の4種類に分けられます．これらの決定詞は神名を表す語のなかによく出てきますので，文書の中でこれらの文字を見つけたら神名ではないかと疑ってみてください．このうち決定詞の「コブラ」（アルファベットの「コブラ」とは別物です）だけはこれまで学習していませんので，ここではこのようなものがあることだけを覚えてください．

　次に各神名の解読に入ります．基本的には前の王名のところで学習したことと同じですので気楽にチャレンジしてください．しかも王名のようにいくつもの名前があるわけではなく，また神名にはアルファベットが用いられることが多いので，初めてのみなさんには王名よりもとっつきやすい印象をうけるかもしれません．では2つの神名をもとに解説します．

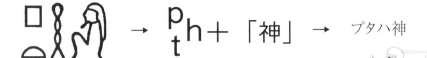

　この神名は3つのアルファベットと決定詞「すわる男神」から成り立っています．最初のアルファベットは左から順に，p，t，hです．決定詞の意味するものはそのものずばり「神」です．全体の読みは「ペテフ」で，実際は「プタハ神」のことを表してい

84

ます（プタハ神については，86 ページ参照）．

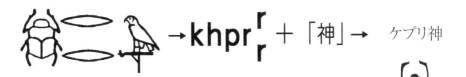

次の神名はひとつの３子音文字と２つのアルファベット，そして決定詞「旗竿にとまるハヤブサ」から成り立っています．最初の３子音文字は kh p r の音を表しています．つづく２つのアルファベットはともに r ですが，上の r は前の３子音文字の振り仮名の役割を担い，下の r は送り仮名の機能を果たしますので，r 音はひとつのみ発します．決定詞の意味するものはこちらも「神」です．全体の読みは「ケペレル」で，実際は「ケプリ神」のことを表しています．

やってみよう　次の神名を読んでみよう．

1 ＿＿＿＿＿＿＿＿＿＿＿＿＿＿

2 ＿＿＿＿＿＿＿＿＿＿＿＿＿＿

3 ＿＿＿＿＿＿＿＿＿＿＿＿＿＿

いろいろな神名

 プタハ神　手にはジェド（安定），アンク（生命），ウアス（権力）を象徴する杖を持っている．物を創りだす職人の守護神として崇拝される．

アテン神　太陽をかたどった円盤から，先端が人の手の形の太陽光線が降り注いでいる姿であらわされる．

 アメン神　テーベの町の守護神．中王国時代に，アメン神と古王国時代からの国家神，太陽神ラーが習合し，アメン・ラー神となる．新王国時代には，アメン・ラー神が国家の最高神となり，王政をゆさぶる存在となる．

 メンチュ神　王に勝利をもたらした戦いの神として信仰され，中王国時代第11王朝には王朝の守護神とされたが，アメン神を奉ずるアメンエムハトのクーデターによって第12王朝がおこされ，勢いが失われてしまった．

 ラー神　太陽神．古王国時代には国家神とされ，王名にも「太陽神ラーの息子」の称号が使われるようになった．多くの神は，ラー神と習合することによって重要な地位を得た．

 オシリス神　左はギリシア名．古代エジプト名はウシル．農耕神，再生復活の神，死者に来世で永遠の命を保証する冥界の王として信仰される．

またイシス女神　左はギリシア名．古代エジプト名はアセト．死者またはミイラの守護神，玉座の守護神などとして信仰された．女性が玉座を保証することは母系社会であるエジプトの血統への考え方が影響している．

 ホルス神　現世の王の化身，あるいは守護神と考えられた．古王国時代に国家神として太陽神ラーが台頭しはじめると，ホルス神と習合し，ラー・ホルアクティ（地平線のホルス）神になった．

 セト神　新王国時代には王家の守護神の1柱，また上エジプトの守護神．しかし末期王朝時代には，セト神は死と暴力，嵐，砂漠の神としてワニやカバなど，人に被害をもたらせる動物と同一視されるようになった．

ネフティス女神　セトの妻．棺，カノプス壺を守護する4柱神のなかの1神で，死者の頭部のほうを守護する．

 トト神　左はギリシア名．古代エジプト名はジェフティ．月の神としても古くから信仰をあつめていた．また，文字を発明した神として信じられ，書記の守護神でもあった．

 ハトホル女神　古代エジプト語で「ホルス神の家」という意味がある．楽器，振り鳴らす装身具から，神や王を楽しませる音楽，舞踊の神．この他，さまざまな肩書きがあり，その多様な神性から当時の人々にとって最も重要な神のひとつだったとわかる．

 ハピ神　エジプトに豊穣をもたらせてくれるナイルの神として古くから信仰されていた．

3　日付

　古代エジプトで年月日を表す場合は，私たちが使う「平成...年」「昭和...年」というように，「...王の治世第...年」として年代を記します．また季節は，1年がアケト（増水季），ペレト（播種季＝冬），シェムゥ（収穫季＝夏）の3つの季節に分けられ，それぞれ4ヶ月ずつです．1カ月は30日とされていたため，1年は360日となりますが，彼らはナイル川の増水のサイクルと現象が一致するシリウス星のサイクルを観察することで，1年が365日であることは知っていました．残りの5日間は神々が，新年を迎えるにあたって再生復活をする期間と考えられていたのです．それではくわしく見てみましょう．

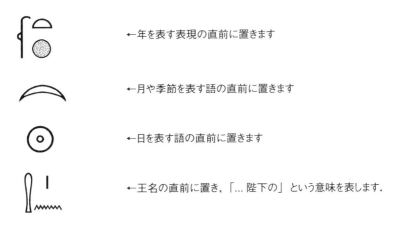

←年を表す表現の直前に置きます

←月や季節を表す語の直前に置きます

←日を表す語の直前に置きます

←王名の直前に置き，「...陛下の」という意味を表します．

季節を表すヒエログリフ

ではこれまでのものを以下にまとめてみましょう．

上の表現を使って次の文をヒエログリフで書いてみましょう．

メンケペルラー（トトメス3世）陛下の治世第23年ペレト季（冬）の第2月の12日

やってみよう　次の日付を書いてみましょう．

1　プトレマイオス王の治世第9年ペレト季第2月の18日

2　センウセレト1世の治世第12年アケト季第3月の24日

4　古代エジプトの計算方法

　古代エジプトでは，生活，政治，宗教儀式など，ある目的を成し遂げるために必要な知恵，技術から，のちに「学問」とよばれる分野も高度に発達していました．たとえば，戦争における負傷者の治療，死者の再生を願ったミイラづくりから医学の知恵が，ピラミッドをはじめとする建造物のための計測，作物を税として徴集するための土地の測量，収穫物の計量，倉庫の収量記録などから数学，建築測量の知恵が発達し，学問となっていったのです．

　方形の土地の大きさを測るのに，隣接する2辺の長さを掛けることはもちろん，円形の面積を求める公式も導き出されていました．それは「直径から，直径の9分の1を引き，それを2倍する」というものです．仮に直径が9 cmの円の面積について，この公式に則ったものと，円周率（3.14）と半径の2倍を掛ける現在の方法とを比べてみてください．その差は大きくないことがわかっていただけるはずです．

　むしろ考え方が違っていたのは，そうした計算をするときの，掛け算，割り算についてだったようです．

　当時の人々は数字を掛けるという発想はなく，基本的に足し算と引き算しかできず，これで掛け算や割り算の代わりとしていました．たとえば12を13倍するときは，次に示すように最初に12と12，2度目に24と24と，どんどんと足していくのです．

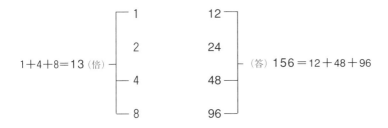

こうして，足していった回数を加えた数が乗数の13になるまで続け，1と4と8で13となり，そのときの12, 48, 96の合計が答えの156になります．

割り算の場合は除数に注目し，同じように数をならべます．たとえば118を9で割る場合は，除数を倍にしていきます．

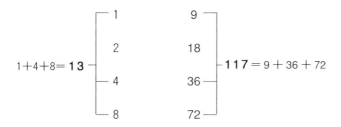

こうして導き出された数字を足し，除数を4倍，8倍にしたときの数字の合計が117となり，118に内輪で一番近い値が得られますから，13と9分の1という答えが出るというわけです．

しかし彼らの数学は理論に発展するまではいかず，あくまでも実用本意のものであり，一度確立して，それ以上の正確さ，迅速さが要求されなかったので，ギリシアなどから影響を受けるまでは大きく発展することはありませんでした．それにしても，今から4500年前の，1辺が200mを超える巨大なピラミッドの4辺の長さがほとんど変わらず，方位も正確であるなど，古代エジプトにおける測量技術の水準の高さにはあらためて驚かされます．

やってみよう 次の掛け算，割り算を古代エジプト人の方法で解いてみよう．

1　23に15を掛けてみましょう．

2　37を6で割ってみましょう．

5　よく使われる表現

このページでは，実際のヒエログリフによくあらわれる表現をまとめておきます．王に対する賛辞や，願いの言葉などが記されています．実際のヒエログリフに挑戦する次の第3章でとても役に立つ表現ばかりですので，しっかりと見ておきましょう．

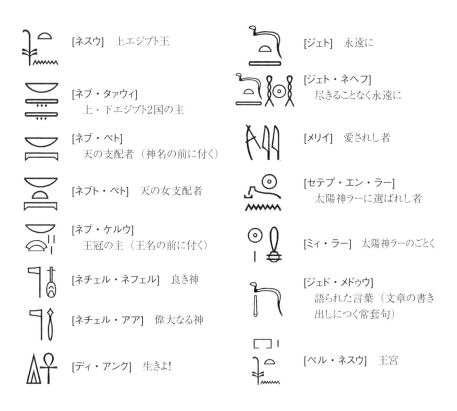

コラム　魔力のある文字

「魔力」といっても，おどろおどろしい呪いの力が文字にあるわけではありません．神聖視されていた文字を記すことで願いがかなう，お呪いの効果があると考えられていたのです．私たちに身近なところでは，「寿」の文字なら，その書体にかかわらず，私たち日本人の多くは「長寿」などのおめでたい事柄と結びつけます．もとは田んぼのあぜ道をあらわしたものとされていたそうですが，私たちはもとの形を意識することはありません．この文字があるのとないのでありがたみが違うのは，この文字にある意味での「力」があるからでしょう．

文字に願いを託す風習は世界各地の文化に見られます．文字を神聖視していた古代エジプトでも，その文字が記されているだけで人びとは心が和んだようで，家具や装身具のデザインや壁画の縁取りなどに，とくにこだわってもちいられていました．

また一方で，古代エジプトでは日常生活で人に危害を加える毒蛇などの文字もありました．

ありがたい意味の文字とは対照的に，こうした文字はそのものを意味することはなくても，死者の永遠の命を願う墓室にはふさわしくないと考えられ，ナイフで傷つけた状態であらわされたりもしました．ときに，文字のもつ力に恐怖心さえ抱くことがあったということです．

第 3 章

実際のヒエログリフを解読してみよう!

トゥトアンクアメン王の遺産を解読してみよう

　黄金のマスク，黄金の棺などに代表されるトゥトアンクアメン（ツタンカーメン）王の遺産からは，彼が古代エジプトの王朝時代の王を代表するような印象をもってしまいますが，実は王朝時代にあっては，当時の歴史から抹消されてしまった異端の王だったのです．

　彼の時代は，前1330年頃，有名なピラミッドの時代からはすでに1250年ほども経っていました．私たちが奈良時代のことを考えるようなものです．それまでにエジプトは2度の混乱期を経験していました．トゥトアンクアメン王が属する3度目の統一王朝は前1550年頃，アジアからの異民族ヒクソス（特定の民族ではない）による支配から脱したときからはじまりました．

　国土を統一したエジプト王はヒクソスを駆逐した勢いにのり，一気に西アジアへ遠征隊を派遣し，植民地化にのりだしました．エジプト軍の侵攻はことごとく成功しました．エジプトには各地からの戦利品，貢納品がもたらされてうるおい，王宮には各植民地から嫡男が人質として連れてこられ，上位の人々は異国の文化（美術，音楽，衣装，風習など）に接することもできました．神殿などの建築事業が公共事業としてさかんにおこなわれ，庶民生活も豊かになったのです．

　ところが，いつの世の中も人間の欲望というのは変わらないものです．当時の世界は政治と宗教は密接な関係にあり，王が海外遠征をおこなう場合には国家の守護神アメン・ラーに詣でて祈願をし，託宣をいただいていたのです．また遠征が成功裡に終わると，王は寄進をし，神に感謝の意をあらわしていました．当初はこの関係も良好でしたが，おそらく神殿で託宣を伝える神官が権力欲に目覚め，王の政策に口を挟むようになったのでしょう．神官にすればもっとさかんに遠征に出て，王が領土を広げてくれれば，その見返りが神殿に集まると考えたようです．王たちはこうした神官の姿勢をうとましく思うようになり，アメン・ラーの

神官たちと距離を置こうとしたのも当然のなりゆきです．

　トゥトアンクアメンの祖父とも父ともいわれるアメンヘテプ3世がその態度をあからさまにし，アメン・ラー神が定めたとされてきた婚姻のきまりを破ったのです．王位継承権は王と正妃の間に生まれた女子にあり，理想的には嫡男が彼女と結婚することでしたが，アメンヘテプ3世は民間から妃を迎えたのです．また首都テーベでは，王宮は本来，日の出の方角にあるナイル川の東岸に営まれることになっていましたが，王は神官の干渉を嫌ってナイル川の西岸に王宮を築きました．神官が望んでいた海外遠征もおこなわず，王宮で豪奢な生活に明け暮れました．公には，アメン・ラー神のために神殿を造営したりしましたが，王宮内では太陽神アテンを崇拝していました．

　アメンヘテプ3世の後継者となったアメンヘテプ4世は，子どもの頃からアテン信仰のもとで育ったことから，アメン・ラー神への不信感，反感は父王以上で，アテン信仰への宗教改革を断行し，みずからの名前も「アクエンアテン（アテン神に有用な者）」と改め，首都もアメン神の聖地テーベから中部エジプトのテル・アル＝アマルナへ遷都しました．

　しかし，アクエンアテンの時代は安定することなく，国内を混乱させただけで15年ほどで終わってしまいます．後継者には8〜9歳の年端もいかぬトゥトアンクアメンがまつりあげられ，即位することになりました．

　実際には執政できる年齢ではなかったため，宰相のアイや将軍職にあったホルエムヘブが王に代わって政治をおこないました．施政方針の第一は，アメン信仰への復興にあり，アメン・ラー神の聖地であるテーベにもどって神官たちと和解する必要がありました．官僚たちは，アメン・ラー神（神官）のために神殿の修復，増築をおこない，西アジアへ軍事遠征をして，アマルナ時代の混乱期に失った領土の回復にも努めました．テーベのアメン・ラー神をまつる神殿にはトゥトアンクアメンに似せたアメン神像が奉納されたり，建造物には彼の名前が刻まれたりしました．

　ところが，トゥトアンクアメンは即位して10年に満たないで亡くなってしまいます．死因にはさまざまな説がありますが，ともあれ，王の死は予定になかった

ことでした．王が即位したときにはじめられたであろう王墓はまったくの未完成で，宰相アイのために用意されていた質素な墓に納められました．

ところで，このアマルナ時代に属する王は，異端の王たちとして後生の王による王家の歴史の記録には入れられず，存在しない王とされました．トゥトアンクアメンもアクエンアテンの系統にある人物として異端の王とされたのです．彼のあとは宰相アイ，将軍ホルエムヘブが王として継ぎましたが，彼らは，一度はトゥトアンクアメンのものとした建造物からトゥトアンクアメンの名前を削り，自分たちの業績であるかのような細工をしたのです．

いつしか実際に，トゥトアンクアメンの存在は忘れ去られるときがきました．彼の墓は，古代に，少なくとも一度は盗掘にあったようですが，彼の墓の入り口の上に約200年ほどのち，ある王の墓を建造するための労働者の監視小屋が建てられました．以降，1922年の考古学者カーターによる発見まで見つかることがなかったのです．

それではこれからトゥトアンクアメンの玄室の壁画に描かれたヒエログリフを解読していきましょう．

トゥトアンクアメン王墓の玄室壁面展開図

東の壁から反時計回りに，王が来世に行くまでの過程が描かれています．

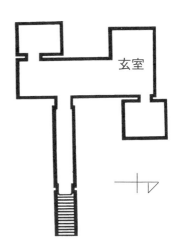

葬列の場面 （東の壁）

東側の壁には，王墓には珍しく葬列の場面が描かれています．白い布に全身を包まれた王は，天蓋のある舟形の棺台に載せられ，そりで墓地へと引かれていきました．ミイラはナイル川をはさんで，東岸でつくられました．約70日かけたあと，船で太陽の沈む西岸の墓地に運ばれました．天蓋には花飾りがかけられていたようすがわかります．事実，発見された王の棺には，ヤグルマギクの大きな花飾りがかけられていました．

棺の上に書かれた文字部分の解読

読む順番は左上から右下に向かって

　ここに出てくる語はひとつの王名とあとはすべて王に対する賛辞です.91ページを参考に読んでみましょう.

新出単語： ジェト・ル・ネヘフ
　　　　　　　永久永遠に

読み方：
　　ネチェル・ネフェル　ネブ・タアウィ　ネブ・ケペルウ・ラー
　　ディ・アンク・ジェト・ル・ネヘフ
意味：
　　良き神　2国の主　ネブ・ケペルウ・ラー（太陽神ラーの出現を司る主）
　　永久永遠に生を与えられし者

葬列の上に書かれた文字部分の解読

読む順番は左上から右下に向かって

一転, こちらは新出単語が多く大変ですが, 頑張って読んでみましょう.

新出単語:

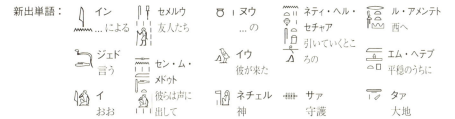

イン ...による	セメルウ 友人たち	ヌウ ...の	ネティ・ヘル・セチャア 引いていくところの	ル・アメンテト 西へ
ジェド 言う	セン・ム・メドゥト	イウ 彼が来た		エム・ヘテプ 平穏のうちに
イ おお	彼らは声に出して	ネチェル 神	サァ 守護	タァ 大地

読み方:

ジェド・メドゥウ イン セメルウ ヌウ ペル・ネスウ ネティ・ヘル・セチャア ウシル ネスウ ネブ・タァウィ ネブ・ケペルウ・ラー ル・アメンテト ジェド セン・ム・メドゥト ネブ・ケペルウ・ラー イウ エム・ヘテプ イ ネチェル サァ タァ

意味:

オシリス(死者の称号), 王, 2国の主, ネブ・ケペルウ・ラーを西方に引いていく王宮の友人たちの言葉. 彼らは次のように言う. ネブ・ケペルウ・ラーよ, 安寧のうちに来たれ. おお, 神よ, 大地の守護者よ.

冥界へ向かうための儀式の場面 （北の壁）

　東の壁の葬列の場面をうけ，墓に納めるまでに行われる，冥界へ向かうための儀式の場面が表されています．向かって右が，ミイラにされた王に後継者でもあり神官でもあったアイが手斧で口元に触れ，来世で食べたり，話ができるよう「口開けの儀式」を行っている場面です．そして王は神々に祝福され，オシリス神となって冥界へおもむきます．

右側の文字部分の解読

　左側の最初の1行はすべて賛辞です．91ページのものと一部違いますが，発音・意味は同じです．また右側の最初の1行目には新出のものがあります．あとはサァ・ラー名の読み方以外はすでに学習したものばかりです．

新出単語： ヘカァ・イウヌウ・シェマァ
　　　　　　　　　　上エジプト・ヘリオポリスの支配者

 アイ・イト・ネチェル
アイ王（神の父）

 ネブ・イル　ケト
所作の主

読み方：
（左）ネチェル・ネフェル　ネブ・タァウィ　ネブ・ケルウ
　　　ネスウ・ビト　ネブ・ケペルウ・ラー　ディ・アンク
　　　サァ・ラー　トゥトアンクアメン　ヘカァ・イウヌウ・シェマァ　ジェト
（右）ネチェル・ネフェル　ネブ・タァウィ　ネブ・イル　ケト
　　　ネスウ・ビト　ケペルウ・ラー
　　　サァ・ラー　アイ・イト・ネチェル
　　　ディ・アンク　ミィ・ラー　ジェト・ネヘフ

ラー神

意味：
（左）良き神　2国の主　王冠の主
　　　ネブ・ケペルウ・ラー（太陽神ラーの出現を司る主）　生きよ！
　　　トゥトアンクアメン（アメン神の生ける姿）　上エジプト・ヘリオポリスの支配者　永遠に
（右）良き神　2国の主　所作の主
　　　ケペルウ・ラー（太陽神ラーの出現を司る主）
　　　アイ（神の父）
　　　生きよ！　太陽神のごとく　永久永遠に生を与えられし者

中央の文字部分の解読

上は2つの部分に分けられます．右側は既習事項ばかりですが，左側は新出のものが多く出てきますので頑張って挑戦してみてください．

新出単語：
- ヌト　ヌト（天の女神）
- ネブ・ペト　天の女主人
- ネチェルゥ・ヘヌウト　神々の女主人
- イル・ス　ニィニィ　彼女は彼女の子を歓迎する　エン　メス　ニィ・ス
- ディ・ス　彼女は与える
- セネブ　健康
- ル・フェネジュ・ク　汝の鼻に
- アンク・ティ　汝よ，生きよ！

読み方：
（左）ヌト　ネブト・ペト　ネチェルゥ・ヘヌウト　イル・ス　ニィニィ　エン　メス　ニィ・ス
　　　ディ・ス　セネブ　アンク　ル・フェネジュ・ク　アンク・ティ　ジェト
（右）ネブ・タァウィ　ネブ・ケペルウ・ラー　ディ・アンク　ジェト・ネヘフ

意味：
（左）天の女主人，神々の女主人ヌトが彼女の子を歓迎する．
　　　彼女は健康と生命を汝の鼻に与える．汝よ，永久に生きよ．
（右）2国の主　ネブ・ケペルウ・ラー（太陽神ラーの出現を司る主）
　　　生きよ！　永久永遠に生を与えられし者

左側の文字部分の解読

　上は3つの部分に分けられます．左端のものは右上から左下に向かって，右側の2つは左上から右下に向かって読んでいきます．

新出単語：

 ウシル　オシリス神　 ケネト　第一人者　 アメンヘト　西　 カァ・ネスウ　王のカァ（魂）　 ジェバァト　石棺

読み方：
- （左）ウシル　ケネト　アメンヘト　ネチェル・ネフェル
- （中）ネチェル・ネフェル　ネブ・タァウィ　ネブ・ケルウ　ネブ・ケペルウ・ラー　ディ・アンク・ジェト・ネヘフ
- （右）カァ・ネスウ　ケネト　ジェバァト

意味：
- （左）オシリス神　西方の第一人者　良き神
- （中）良き神　2国の主　王冠の主　ネブ・ケペルウ・ラー（太陽神ラーの出現を司る主）生きよ！　永久永遠に生を与えられし者
- （右）石棺の前の王のカァ

オシリス神

祝福をうける王の場面（南の壁）

　西方の女神ハトホル女神とミイラの守護神アヌビスの祝福をうける王．

　ハトホル女神は牝牛の姿をとることが多いですが，ここでは西の標を頭に載せています．

文字部分の解読

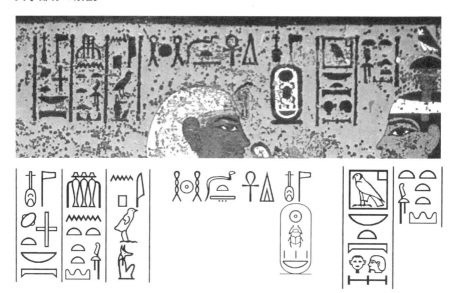

　これも3つの部分に分けられます．左側2つは右上から左下へ，右端のものは左上から右下へ読んでいきます．

新出単語： アンプウ　アヌビス神　　 フウトヘル　ハトホル神　　ウェト　ミイラ作りの場　　ネブ・ペト　天の女支配者

ヘリィ・テプ　支配者　　ジャアト　所領

読み方：
（左）アンプウ　ケネト・アメンヘト　ネチェル・ネフェル　ウェト　ネブ・ペト
（中）ネチェル・ネフェル　ネブ・ケペルウ・ラー　ディ・アンク・ジェト・ネヘフ
（右）フウトヘル　ネブ・ペト　ヘリィ・テプ　ジャアト　アメンヘト

意味：
（左）西方の第一人者，良き神，ミイラ作りの場に居る者，天の主，アヌビス
（中）良き神　ネブ・ケペルウ・ラー（太陽神ラーの出現を司る主）
　　　生きよ！　永久永遠に生を与えられし者
（右）天の女主人，西方の領域の支配者，ハトホル

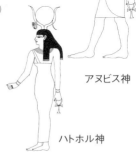

アヌビス神

ハトホル神

「アムドゥアトの書」第1時の場面（西の壁）

　冥界の書のひとつ「アムドゥアトの書」の第1時の場面が描かれています．

　12頭のマントヒヒは夜の12時間と関係していて，それぞれが各時間を司っていると解釈されることもありますが，明らかではありません．

　太陽神とともに12時間に区切られた地下の国をすぎると，翌朝東の空に復活すると考えられていました．

文字に表された古代エジプト

1　ロゼッタ・ストーン

　あまりにも有名になってしまったロゼッタ・ストーンですが，その発見は考古学調査によるものではなく，偶然の産物でした．18世紀は西欧の列強国による植民地政策がさかんな時期で，アフリカ諸国，東南アジア諸国など，植民地をめぐって紛争が絶えませんでした．

　18世紀後半，当時，エジプトはオスマン・トルコ帝国の支配下にあり，カイロには帝国の総督府が置かれて管理されていました．同じ頃，イギリスは，東インド会社を設立し，インド経営によって繁栄していました．当初は，南アフリカの喜望峰まで，船を南下させていましたが，地中海から，現在のスエズ運河あたりを通れば，時間と経費の軽減になり，さらなる繁栄が期待されていたのです．実は，エジプトを通じて地中海とインド洋を結ぶことは，紀元前の王朝時代から考えられていたことで，第26王朝（前663～前525）のネコ2世の時代には，紅海からナイル川にかけて，運河が開削され，この運河はその後，王朝の衰退にともなって埋もれてしまいました．しかし前521年，エジプトを支配下においたペルシアのダリウス1世は，紅海からナイル川に通じる運河を再開し，ギリシアとの交易をさかんにおこないました．

　そのような要衝に，イギリスが注目しないわけはありません．このことが実現してイギリスが力をもつことに懸念したフランスは，1798年5月19日，総司令官ナポレオンを派遣して阻止をはかったのです．彼は，300隻余りの大船団と3万4000人におよぶ将兵を率いて出兵しました．この出兵が特別だったのは，フランス学士院を代表する自然科学者や人文科学者，芸術家そして技術者が，165人同行していたことです．表向きは，彼らはエジプトを研究するために選ばれた

人々でしたが，エジプトの反発をやわらげる目的もあったようです．

しかし，8月1日，2日のアレクサンドリア東方，アブキール湾の海戦で，フランス軍はネルソン提督率いるイギリス艦隊に敗れ，退路を絶たれたナポレオンは，急ぎ，海岸線の防備のために要塞堡の増設，補強工事を命じました．

ナイル川のデルタ地帯には，船がさかのぼることのできる大きな支流が2本ありますが，地中海の玄関口アレクサンドリア側の支流はとくに警戒され，その河口にあるアル＝ラシード（フランス名はロゼッタ）でも要塞の補強，改修工事がおこなわれることになりました．ロゼッタ・ストーンはこの工事中，1799年8月上旬に発見されました．

工兵隊長ブシャールは，この石がただならぬものであると感じ，アレクサンドリアへ送りました．さらに幸運なことは，アレクサンドリアに駐屯していたマヌ将軍にギリシア語の素養があり，その場で解読されたことです．彼はその石の重要性に気づき，カイロに設営されていたエジプト研究所に送ったのです．ナポレオンは8月23日に少数の軍人のみを連れて，エジプトを脱出しましたが，このときすでに石の写しと複製がフランスにもたらされていたのです．

石の現物はエジプトに保管され続けましたが，1801年8月30日，フランスがアレクサンドリアの攻防戦で敗れ，イギリスに降服したことで没収され，イギリス国王ジョージ3世の命で大英博物館に納められることになったのです．次にシャンポリオンの解読方法を見てみましょう．

ロゼッタ・ストーン　高さ114cm，幅72cm，厚さ28cm，重さ762kg，大英博物館蔵（プトレマイオス時代　前196年頃）

シャンポリオンの解読法

　ヒエログリフ，デモティック，ギリシア文字の3種類の文字で同じ内容の文書が記され，ヒエログリフ解読のきっかけとなった，有名なロゼッタ・ストーン．ここではシャンポリオンが解読にいたった過程についてみてみましょう．

　フランスのジャン・フランソワ・シャンポリオンはコプト語にも通じた頭脳明晰な言語学者として有名でした．その彼のもとにロゼッタ・ストーンの写しがもたらされたのは1808年のことといわれています．早速，研究を開始したシャンポリオンでしたが，彼は実際に1度もロゼッタ・ストーンの現物を見ることなく，14年間を費やすことになりました．

　発見当初から，ギリシア文にある「プトレマイオス（Ptolemaios）」の名前とヒエログリフの文章にある楕円で囲まれた文字に注目が集まりました．しかしそれまで，ヒエログリフはそこにあらわされている絵に秘められた意味を解くことで翻訳できると信じられていたので，そこに刻まれた8文字の記号の解読はまったくうまくいきませんでした．

ギリシア語であらわされた「プトレマイオス」

注目を集めたカルトゥーシュに囲まれた文字

　その先入観念から，最初に脱したのがイギリスの科学者トーマス・ヤングでした．彼は記号のいくつかは音をあらわすだけの文字であることを唱えたのですが，間違いがあったために解読にはいたりませんでした．ヤングがこの説をあらわした当時，シャンポリオンはまだ迷路にあって，プトレマイオスの名前にあるライオンの文字はギリシア語の「戦い（Polemos）」を象徴しており，これが「プトレマイオス（Ptolemaios）」という王名に深くかかわっているに違いないと考えていたといわれています．

解読に行き詰まりを感じていたシャンポリオンのもとに朗報が届いたのは1822年初春のことでした．1815年にアスワンのフィラエ島で発掘されたオベリスクの碑文の写しを手に入れることができたのです．そこにはロゼッタ・ストーンにあった「プトレマイオス」と，もうひとつ，伝説としてもギリシア語資料でもさかんに登場する「クレオパトラ」の名前が刻まれていました．

　このオベリスクは，プトレマイオス9世と王妃クレオパトラ（有名なクレオパトラ7世ではない）が，イシス女神に捧げたものでした．そして彼女の名前にも，ライオンの文字があるため，シャンポリオンは上記のような思いこみを払拭することができ，「ヒエログリフにはその形に意味がある文字もあるが基本的には発音のための文字なのではないか，そうであればギリシア語と対比することができるのではないか」，との仮説を立てたのです．

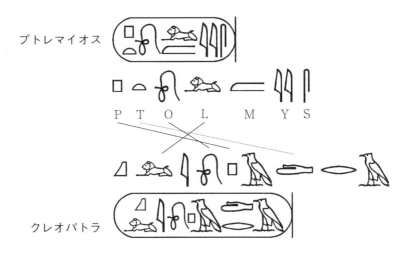

　そこでまず彼は，両方の名前に共通する3つの文字，p, l, o を，そしてtにあたるであろう2つの文字は同音異字と仮定し，前後にある残りの文字を推測していったのです．こうして，とりあえず12文字の音を得た彼は，共通する文字が多くある3つ目の名前に挑戦し，それがかの有名な「アレクサンドロス」であることを確認したのです．

ヒエログリフはギリシア語の発音から推測できることに自信を持った彼は，この方法で，同時代，またローマ時代の王名を次々と解読し，すぐさま 80 文字の音を訳すことに成功しました．今や，彼に残された課題は，この方法がいわゆるエジプト系の王朝時代の王名に通用するかどうか，ということでした．しかし彼の心配は杞憂に終わり，遺跡のなかでももっとも多くみられる王名「ラメセス」と，もうひとりの有名な王「トトメス」の名前の解読に成功し，古代エジプト時代に閉ざされた扉の鍵を開けることができたのです．

写真にもあるように，ロゼッタ・ストーンはヒエログリフの解読の手掛かりにはなったものの，その大きく欠けた状態からは，完全に内容を読みとることは困難です．そこで，ほぼ完全な形で残っているギリシア語部分をもとに，書かれている内容をみてみましょう．

まずプトレマイオス 5 世の王名と王への讃辞がつづられています．

●●●●●●●●●●●●●●●●●●●●●●●●●●●●●●●

父王の王位を継いだ若き者よ，王冠の主，栄光のきわみにあるエジプトを建国し，神にとって敬虔なる者，敵に勝利したる者，人々のために文化的な暮らしをふたたびもたらした者，30 年祭（王が即位して 30 年目におこなわれる王位更新祭）の主，偉大なるヘファイストスのごとき王，太陽神ラーのごとき王，上下エジプトの偉大なる王，フィロパトール神の子孫，ヘファイストスが認めし者，太陽神ラーが勝利をもたらした者，ゼウス神の生ける化身，太陽神ラーの息子，プトレマイオス．

永遠の生命を得た者，プタハ神に愛されし者，その治世第 9 年……〈中略〉……クサンディコス［Xandikos］月第 4 日，エジプト暦のメケイル［Mekheir］（ペレト季第 2 月）の第 18 日．

法令を下すにあたって，神意を告げる者，神々に礼服を着せる者である大祭司，扇を保持する者，聖なる書記である祭司，神官たちは，この日にメンフィスの神

殿（プタハ神殿）に集まり，永遠の生命を得た者，プタハ神に愛されし者，プトレマイオス，エピファネス・エウカリトス，父王の王位を継いだ即位の大祭を祝うためにメンフィスに集まった，全土の神官たちは，次のように宣言する．

……〈中略〉……

神にしてイシス女神とオシリス神の息子，父オシリスの仇を討ったホルス神のごとき，慈愛の心は深く，神々の意志に忠実である．

王は神殿，人民，神々に恩恵をもたらした．神殿には金銭，穀物を奉納し，さらなる繁栄をエジプトにもたらせるために，多額の出費を惜しむことなく神殿建立に尽力し，徴収すべき税を免除，あるいは軽減して，エジプト人と他国からの人々の負債を放棄した．また，告発されたままで長い間，牢獄につながれていた者に恩赦を下した．罪が確定されぬまま牢に永くつながれていた者に恩赦を与えた．

王は神殿所有の果樹園からの収穫，神殿の所有地から得られた金銭，穀物などの収入に対する課税額，神殿への助成金は父王の治世当時のままとし，神官に対してもまた，父王，王が父から政権を受け継いだ1年目と同じく，神々への儀式に要する出費以外は不要であると命じられた．

王は，毎年の神官団の義務としていた（王都）アレクサンドリアへの伺候を免除し，海軍の徴兵免除を命じられた．

また，神殿が政府（王宮）に支払っていた亜麻布の税金を3分の2に軽減した．神々におこなうべき伝統的な行事の執行も気にかけてくださり，それまでなおざりにされてきた事がもとのまま，正常な状態でおこなわれるようにした．また，偉大なるヘルメス神のように，すべての人々を秩序をもって治め，動乱の時代に心ならずも反乱軍に加わった兵士であっても，改心をしめせば没収した資産をもどした．

王はエジプトに対して陸路，海路から侵攻してくる敵に備えるため，騎兵隊，歩兵隊，艦隊を増強派遣し，神殿や国民に平安をもたらせ，保持するために多額の金銭，穀物の放出をした．

豊富な兵器と物資を確保して，反乱をおこしたブシリスのリュコポリスへ進軍，土塁を築いてこの地を包囲し，……〈中略〉……短期間でこの地を滅ぼし，反乱を鎮圧した．王は，父王の治世に反乱をおこした者，騒乱をおこした者，神殿に害をおよぼした者などを，メンフィスでの戴冠式にのぞむにあたって罰した．

王は，神殿に課せられていた税について，治世第8年までさかのぼって，当時

の税率まで軽減した．また亜麻布についての王宮への税を免除し，証明書の発行手数料だけにとどめ，神殿の農園に課せられていた収穫税やぶどう園からのワインへの税金についても免除した．

王は聖牛アピスや同じくムネヴィスなど，聖なる動物のために，これまでのどの王よりも多くの供物をおこない，神々の財産などすべての所有物を保証し，これら聖獣の葬儀にあたっては多くの供物をほどこし，盛大にとりおこなった．また生贄や祭典など慣習となっている儀式をおこない，特定の神殿に対して定期的に支払いをおこなった．

また神殿や国土が，法のもとで秩序が保たれるようにした．王はアピス神殿を飾るために金，銀，貴石を惜しみなく使い，篤い信仰心をもって宗教施設の再建，修復をおこなった．その報いとして神々は，王に健康，勝利，力などを与えた．王とその子孫は永遠に統治を続けるだろう．

神官たちは王が，こうした慈悲深き幸運に恵まれてしかるべきと考える．（王や神への讃辞をまじえながら）王プトレマイオス・エピファネスの像を神殿のもっとも高いところに建て，その像を「エジプトを守護する者」とよぶことにしよう．王のそばには，王に勝利を象徴する武器を手渡す神殿の主神が立つだろう．これらはすべてエジプト様式でつくることにする．そして神官は，祝祭で他の神々におこなわれるのと同じように，1日に3度，聖なる衣装をまとってこれらの像に礼拝するものとする．

またそれぞれの神殿では，王の木像もつくり，厨子に納め，神殿の至聖所に安置しよう．そして例大祭には，厨子に納められた王像が行列で担がれるときも，それがエピファネス・エウカリトス神の厨子であると区別できるよう，厨子には10のコブラのついた王冠をのせ，それらの中心のひとつは，王が即位式のためにメンフィスの神殿でかぶるプスカント（上下エジプト王を象徴する二重冠，パ・セケムティがギリシア語に転訛した言葉）とする．さらに王冠のまわりにある四角い飾り板には，上下エジプト王のものであるという碑文を刻んだ黄金の標が置かれるようにする．

王の誕生日であるメソレー（Mesore）月30日，王位を継承した記念日であるパオフィ（Paophi）月17日は，すべての国民にとって祝福の源であるから，栄誉ある神殿の命名日とする．また毎月17日と30日には神殿で祭礼をおこなうものとする．そのときは，生贄，献酒など他の祭りでおこなわれるのと同じように，すべての儀式をおこなう．

（王への讃辞があって）王のための祭礼を毎年トト月１日から５日間，国中の神殿でおこなうことを慣例にする．そのときは生贄と献酒，その他の儀式をおこなうものとする．また神官はそれぞれが仕えている神の名に加えて，エピファネス・エウカリストス（王の名）に仕える神官とよばれることになろう．彼らが公布する文書にもその名をもちいることとする．

　個々人も，法制化されたことによって，王の栄誉を讃える祝祭をおこない，前記した厨子と同じものをつくって自分の家に祀り，月毎の祭，年毎の祭をおこなうことを慣例にすることが許されよう．

　この法令は硬い石に聖刻文字，民衆文字，ギリシア文字で刻まれ，第１級，第２級，第３級の神殿すべてに，永遠に生きる王の像のそばに建てられることとする．

●●●●●●●●●●●●●●●●●●●●●●●●●●●●●●●

　このロゼッタ・ストーンには，王と神官とが実に友好的な関係にあったことが書かれています．しかし時代背景をみてみると，当時，アレクサンドロス大王，プトレマイオス朝の祖であるプトレマイオス将軍らを輩出したマケドニア，ギリシアの勢力は，台頭してきたローマの勢力に圧され，危機的な状態にありました．エジプトに関してもその豊かなデルタ地帯は，ローマが穀倉地帯として虎視眈々とねらいをつけていました．外国人の王プトレマイオスとすれば，エジプト国民に好印象を与える必要から，まずは別な意味で強力な勢力をもっていた神官を味方につけるため，神官たちを優遇しておく必要があったというわけなのです．このロゼッタ・ストーンに書かれているものは，いわば王家の宣伝，プロパガンダだったというわけです．

2　死の恐怖を克服するため——宗教書

　古代エジプトの時代でも，現世での「死」を乗り越えてこそ永遠の命を得ることができる，そのためには現世で善人であることが大前提，という死生観をもとに，文化が展開していったといえましょう．

　3000年の歴史のなかで，死生観は変わらなかったものの，その表現方法は変化していきました．最初の宗教文書は，古王国時代，ピラミッドにともなった，通称「ピラミッド・テキスト」です．のちの時代に「世界の七不思議」に数えられるような巨大なピラミッドを誇っていた時期，前2550年頃まではピラミッドのなかには，落書きを除いてはいっさい，文字は書かれませんでした．

　ところが人は不安になると口数が多くなったり，願いを確実なものとするために文字や形に残そうとします．そのため，王権が衰えてからのピラミッド内部には，経文（宗教文書）が刻まれるようになったのです．

　新王国時代になると，死後の再生・復活は庶民にも権利があると考えられるようになり，もっと簡易にパピルスに記された「日のもとにあらわれるための書」とよばれた呪文集が，遺体とともに葬られるようになりました．通称の「死者の書」のほうが有名ですが，これは7世紀に侵入したアラブ人が，古代の墓を荒らすうち，いつもミイラとともに発見されることから名づけられたもので，それを後世の研究者が借用したという歴史があります．

　「死者の書」は，庶民にも理解できた来世への手引き書でした．おそらく全体は200章ほどの文章と挿し絵からなる宗教文書だと思われますが，完全版の「死者の書」はありません．長くても百数十章ほどです．冥界の門を通過するときの手形とでもいいましょうか．その際に唱える神の名が記されています．これも裕福な墓主には，できるだけ多くの章が用意されましたが，予算に応じて，墓主がどうしても必要とする章だけを神官からいただくということになっていたようです．もっと安価なものでは，本来，名前を入れるべき所が空欄になった既製品まであり，すでに葬儀が商売となっていたことがわかります．

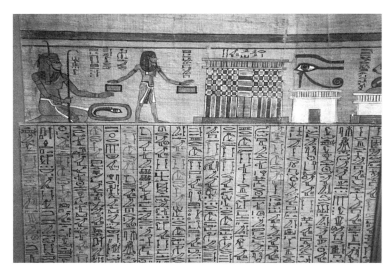

アニの「死者の書」
　上段左端には，100万年をあらわすヘフ神，右端には祠堂の上に現れて邪悪なものから守護するウジャトの目が描かれている．新王国時代　第19王朝　大英博物館蔵

「死者の書」125章のオシリスの審判の場面．死者の心臓と真理の羽マアトを天秤にかけ，死者が正しきものであったかどうかをはかる．上段は陪審員の神々．

3　いつの世も処世術が大事——教訓文学

　子孫，後継者の幸せを願わない者はいません．少しでも安全で，安楽で，豊かな生活を送ってほしいと思わずにいられないものです．社会人として認められ，信頼され，成功することを期待し，先輩としての言葉を伝えることは私たちのまわりでもあることですが，古代においても人生訓，処世術といったものが，数多く残されています．名文は書記の学校の教科書にもされました．文字を覚えながら社会勉強も兼ねていたのです．

　農民のように，子どもが労働力として期待され，小さな時分から働かなくてはならない環境にあっては無理なことでしたが，子どもに時間の余裕を与えられる階級，職人の長などであれば，文字を習得させるために勉強させました．とにかく庶民の身分からエリート官僚へ出世するには書記になることでしたから，7〜8歳頃から口うるさいほどに「勉強しろ」「書記になれ」と説いていたようです．「ドゥアケティの教訓」では，農民，さまざまな分野の職人の苦労，神官さえも1日中，日の当たらない神殿の中にいなくてはならないなどと他の職業のマイナス面を強調し，書記の職業のすばらしさ，心得を説いています．

　しかし書記のような職業では，賄賂，中間搾取などの誘惑があり，それに負けてしまって罰せられる者も少なくなかったようで，戒めもたくさんありました．

「プタハヘテプの教訓」「アニの教訓」などでは，政策，仕事，日常生活において賢明な判断が要求される場合と，それに対する正しい対処方法が記されています．

書記座像

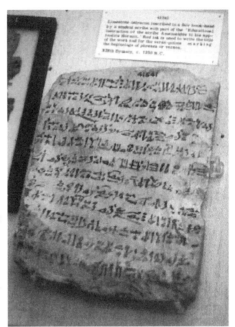

書記学校の生徒が書き写した教訓文学のテキスト

書き写して文字を覚えるとともに，テキストの内容も暗記し，さまざまな分野の知識を深めていった．新王国時代　第19王朝　大英博物館蔵

それでは以下に古代エジプトの教訓をいくつか紹介します．

- 政府の仕事にたずさわる彫刻師とか，政府の仕事で派遣された金細工師などは見たことがない．しかし金細工師が炉口で働いているのは見たことがある．彼の爪はワニの爪のようになっており，魚くずのような悪臭を放っている．
　　それにひきかえ，書記ならば，いつも清潔な身なりですごすことができ，畑に出る必要はなく，他人の仕事を監督していればいいのだ．

- 書記の名前は永遠に残る．ひとたび建てられた建造物は，いずれは崩れ落ちる運命にあり，墓は供養が続けられても，いつかは砂埃に埋もれて忘れ去られる．しかし書記の名前だけは書いた物が残るがゆえに，のちのちまで讃えられ，この世が終わるまで人の記憶から消えることはない．永遠のものとなるのだ．書記になりなさい．さすればお前の名前も同じように永遠のものとなるのだから．

- 若いうちに妻をめとりなさい．子どもを産んでくれよう．若いうちに子どもを得て，立派な跡継ぎとなるように教育をしなさい．子どもをたくさんもつ者は幸せだ．その子どもたちがいることで尊敬もされよう．

- 見知らぬ人物と気安くなり，自分の不利なことを聞かれたりしてはいけない．あなたの話した言葉がたまたま軽率に受け取られ，繰り返されたりすると敵をつくることにもなりかねない．口が災いして破滅することもありうるのだ．

4　手紙，通信文

　1887年のこと，中部エジプトのテル・アル＝アマルナの王宮跡から，多量の楔形文字がきざまれた粘土板が発見されました．ここは新王国時代第18王朝，前1350年頃に，宗教改革をおこなった王アクエンアテン（アメンヘテプ4世）が短期ながら首都を置いた場所です．アクエンアテンはトゥトアンクアメンの父とも，異母兄弟ともされている王です．

　バイリンガルの書記は届いた手紙をエジプト語に翻訳して王に伝え，受け取った日付，要約をメモし，書庫に保管していたことがわかりました．保管されていたのは，父（または祖父）王アメンヘテプ3世宛のものだとわかりましたが，発見したのが，近くの農家の女性で，当初は，まさかエジプトから粘土板文書が出土するなどとは考えられてはいなかったので，「まがい物」として，かなりの量が観光みやげとして，また闇市で売られ，世界中に分散してしまったという不幸な事情があります．

　ところで，その文書の解読がはじまると，友好的な国交状況が推し量れるもののなかに，「敵がそこまで迫っているから，至急，援軍をこう」「なぜ援軍が来ないのだ」など，激しい抗議，断末魔の叫びともとれる悲惨な内容のものも含まれていて，当時の騒然としたオリエント世界のようすが浮かび上がってきたのです．

　今日，トゥトアンクアメンについては暗殺されたとの説が有力です．それを裏付けることとして，王の亡きあと，王妃アンクエスエンアメンがアジアの強国ヒッタイトに，「王子を1人送ってくれれば結婚してエジプト王にする」と手紙を送っているのです．当時は女性が王位継承権をもっていたのです．この手紙は官僚たちには秘密裏に送られたものでしたが，ヒッタイト側が真偽を疑っているうちに発覚し，派遣された王子は旅中に暗殺され，王妃が密書に託した願いはかないませんでした．

5　古代エジプト流愛の告白

　古代エジプト人も好きな人を思い浮かべ，その気持ちを文字にしていました．恋が人を詩人にしてしまうのはいつの世も変わりません．

　「彼女はかけがえのない少女だ．彼女と比べられるものなどありはしない．
　彼女はほかの誰よりも美しい．
　ご覧なさい．彼女は幸せな新年の最初にあらわれる星（シリウス）の女神のようだ．
　その肌の色は白く明るく輝いている．
　見つめる眼は美しく，話す唇はしっとりと濡れている．
　彼女は余計なことは何ひとつ言わない．
　その首はすらりと伸び，胸はあくまでも白い．
　何と，その髪は良質のラピスラーズリのような深い色をしている．
　その腕は黄金よりも輝かしく，その指はスイレンの花のようにしなやかだ．
　その腰は豊満で，ウエストは帯で締まっている．
　彼女の腿は美しい．
　彼女はきびきびした足取りで大地を歩く．
　彼女に抱かれて私の心は奪われた．
　彼女はすべての男を振り返らせ，魅了してしまう．
　彼女が出歩くと，誰もが目を奪われてしまう．
　この世で唯一，比類なきすばらしい人．」（「チェスター・ビィティ・パピルスⅠ」より）

　もちろん，愛し合った2人に破局が訪れることもありました．男性も女性も，望み，合意にいたれば，相手と離婚する自由をもっていたのです．しかしそこには，現在と同じ，ある程度の罰が課せられることになっていました．

　夫が妻と離婚するとき，もっとも正当な理由は，妻の姦通によるもので，この場合は無条件で離別することができました．しかしそれ以外の理由で夫が妻と別れる場合，夫は妻に経済的な保証，つまり慰謝料を支払わなくてはなりませんでした．だいたいは1回払いだったようです．

　妻が夫と別れる場合，夫に非がなければ妻が慰謝料を支払わなくてはなりませんでしたが，その額は夫が妻と別れる場合に比べるとはるかに少額でした．財産について，女性の個人的な財産は結婚したからといって失われることはなく，離婚するときには彼女のものとして持ち出すことが許されていました．離婚後は妻は実家に戻ったようですが，妻の家で結婚生活を営んでいたとしたなら夫は家を出なければなりませんでした．

6 夢は予兆，古代の人々は占い好き──『夢の書』

　ヒエログリフで夢はレスウト 〰🐦〰 と言い，決定詞には目の文字が使われます．このことは，寝ている間に「見る」という感覚をそのまま表現したものといえましょう．古代の人々は，現実のことではない夢のことまで文書に残しています．しかしそれは私的な日記調のものではなく，ひじょうに大切な予兆，お告げとして扱われているのです．

　ヒエラティックによる記録ですが，今日の夢占いに通じるものに『夢の書』があります．その文書は，ルクソール西岸にある王家の墓地「王家の谷」で，墓の造営にたずさわっていた職人達の村から発見されたパピルスに書かれていました．そのパピルス文書は新王国時代，第19王朝の初期のものですが，文書そのものの起源は，それよりも1000年以上前の中王国時代のものであることがわかっています．そのころから，写しが取り続けられ，ある職人の家に代々伝わってきたものらしいのです．

　内容は，王など高位の身分の人たちのものではなく，庶民の見る夢であったことが大変興味深いです．1つの夢について，裏付けとなるような説明もなく，その夢の意味を書いているだけなので，文章というよりは，夢の索引便覧のようなものになっているのが特徴です．面白いのは，全体が善人の夢と悪人の夢の2つに分けられていることです．夢を見た当事者の生活状態や夢の種類を考えているばかりではなく，彼らの肉体的な状態や性格，気質までもが考慮されています．『夢の書』のなかで善人とされる人々は，文書中では，現世の王の守護神ホルスの従者，つまり勤労，勤勉を旨とし，従順な平常の人物ということのようです．また夢はホルス神の母イシス女神がつかさどり，次のような内容の文書からはじまります．

●●●●●●●●●●●●●●●●●●●●●●●●●●●●●●●●●●●

「私のもとにお出ましください，母なるイシスよ．お出ましください．母よ，私はあなたから遠く離れたところにあって夢を見ているのです」
「息子ホルスよ，参りましたよ．どんな夢を見たのか話してみなさい．そうして夢の悩みを解消するが

いい．火があなたを脅かしているものを追い払ってくれるでしょう．
　さあ，私は，あなたに会って，あなたの災厄を取り除き，邪悪なるものをすべて消し去るためにやって来ましたよ．『夜に，あるいは午睡で見るよき夢は，あなたに幸福をもたらすだろう．ヌト女神の息子であるセトが創り出した，すべての災厄，邪悪なるものは消し去られた．太陽神ラーが，その敵にとって正しき者と認められたように，私も敵にとっては正しき者となった』．ある男が家にあって目覚めたとき，彼に1個のパンとビール，香料に浸した新鮮な野菜を与えてこの言葉を唱えさせなさい．男の頭にはこの言葉が刷り込まれ，すべての悪夢は消え去る」

『夢の書』

そして次のように夢を分析しています．まず吉兆の夢の例からみてみましょう．
「夢のなかでハスの葉を嚙むのを見たら，それは吉．慶事のある予兆である」
「夢のなかで窓の外を眺める自分を見たら，それは吉．神がそなたの祈りを聞き入れてくれることを意味している」
「夢のなかで喪服を着ている自分を見たら，それは吉．財産が増える予兆である」

凶兆の夢について．
「夢のなかでパピルスに書き物をしている自分を見たら，それは凶．神が人の悪行を列記していることを意味している」
「夢のなかで濡れた服を着て部屋に入る自分を見たら，それは凶．戦いの前兆である」
「夢のなかで温いビールを飲む自分を見たら，それは凶．災難がくる予兆である」

● ●

　こうした民間の実用書としては，同じ村から日毎の吉凶をしめしたカレンダーも発見されています．いつの世も，人々はきょうを，明日を，未来を気にかけ，占い，願う気持ちに変わりはないようです．

練習問題解答

・39 ページ：
 1 織田信長／平清盛／ジョン・F・ケネディ（John F. Kennedy）／ナポレオン・ボナパルト（Napoléon Bonaparte）

 2 [ヒエログリフ] ／ [ヒエログリフ] ／ [ヒエログリフ] ／ [ヒエログリフ]

・50 ページ：
 1 ネカァーウ／メリイ／ネチェル・ネフェル
 2 ウニス／スネフェル／ウセル・カァーフ

・64 ページ：
 1 [ヒエログリフ] ／ [ヒエログリフ] ／ [ヒエログリフ] ／ [ヒエログリフ]

・67〜69 ページ：
 1 52／2080／900117

 2 [ヒエログリフ数字]

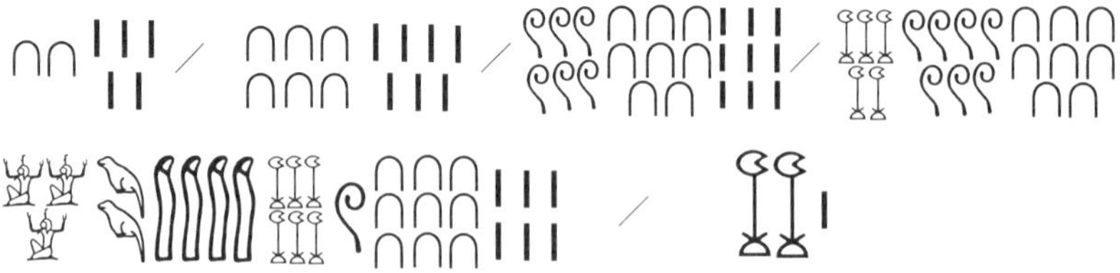

 3 一列目： 3／2／3
   二列目： 2／1／2／2
   三列目： 11／12／6
   四列目： 21／12／12／23
 4 一列目： 48／48／99
   二列目： 89／78／128

- 80 ページ：

    スネフェル／クフ／カフラー／メンカウラー／ウニス

- 85 ページ：

    アメン（神）／ラー（神）／ウァジェト（神）

- 88 ページ：

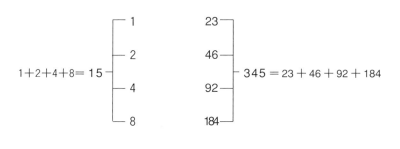

- 90 ページ：

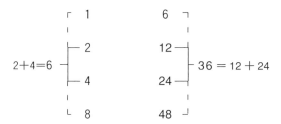

1　345

2　6と6分の1

古代エジプト王朝表

年代	時代区分	王朝区分	首都	主なファラオ		主な歴史上の事柄
紀元前 3000	初期王朝時代	1	メンフィス	ナルメル アハ ジェル ジェト デン	紀元前 3000年頃	上エジプト出身のナルメルがエジプト全土を統一 この頃, ヒエログリフの文字体系が確立する この頃, 1年365日の暦ができる 「上下エジプト王」の称号がもちいられる この頃, ヘリオポリスの太陽信仰がさかんになる
		2		ペルイブセン カーセケム カーセケムイ		この頃, ホルス神派とセト神派の覇権争いがおこる この頃, ホルス神派が王位を継承することで和解する
2650		3		ジェセル セケムケト フニ	2620年頃	サッカラに階段ピラミッドを造営する 階段ピラミッドを計画するが未完成に終わる メイドゥムに真正ピラミッドを計画, 着工する
2610	古王国時代	4	メンフィス	スネフル クフ カフラー メンカウラー シェプセフカフ	2600年頃 2550年頃	神王として絶対的な王権が確立する ギザに大ピラミッドを造営する ギザに第2ピラミッド, スフィンクスを造営 ギザに第3ピラミッドを造営. 王権が弱体化 サッカラにマスタバを造営する
2490		5		ウセルカフ サフラー ネフェルイルカーラー ニウセルラー	2490年頃	王の称号に「太陽神ラーの息子」がもちいられる アブシールにピラミッドを造営する
2310		6		ウナス テティ ペピ1世 メルエンラー ペピ2世	2400年頃 2300年頃 2270年頃	はじめて「ピラミッド・テキスト」が刻まれる シナイ半島などで積極的に鉱山を開発する 長期政権で, 晩年には中央集権国家に翳りがみえるようになる
2180	第1中間期	7/8/9		短い治世の王が数多く続く		
		10	ヘラクレオポリス 下エジプト		2100年頃	ヘラクレオポリス侯（第10王朝）とテーベ侯（第11王朝）が共存する
2040	中王国時代	11	テーベ	メンチュヘテプ2世 メンチュヘテプ3世	2040年頃 2000年頃	第10王朝を滅ぼし, 全国を統一する 紅海南西部沿岸辺りのプントへ遠征隊を派遣する
1990		12	イティ・タアウイ	アメンエムハト1世 センウセレト1世 アメンエムハト2世 センウセレト2世 センウセレト3世 アメンエムハト3世 アメンエムハト4世	1990年頃 1950年頃 1850年頃 1800年頃 1790年頃	クーデターによって第12王朝をおこす ヌビア奥地にまで遠征する ヌビア, パレスティナに軍事遠征をおこなう ファイユーム干拓事業が終わる 後継者が絶え, 中王国時代が終わる
1785	第2中間期	13/14 上エジプト		短い治世の王が約70人続く	1720年頃	アジアからヒクソスが侵入する
1650		17 上エジプト	テーベ	15 キアン 15 アペピ	1700年頃 1650年頃	ヒクソスが下エジプトを支配し, 王朝をおこす テーベの豪族が第17王朝をおこし, ヒクソスに対抗
		15/16 下エジプト	アヴァリス	17 セケンエンラー2世 17 カーメス	1580年頃	セケンエンラー2世, カーメスがヒクソスと戦う
1565	新王国時代	18	テーベ	イアフメス（アハメス） アメンヘテプ1世 トトメス1世 ハトシェプスト	1565年頃 1520年頃 1500年頃	ヒクソスをエジプトから追放. 第18王朝がはじまる 国内の安定をはかる ユーフラテス河上流にまで軍事遠征をおこなう トトメス3世が即位するが, 摂政のハトシェプストが王権を主張し, 共同統治となる

年代	時代区分	王朝区分	首都	主なファラオ		主な歴史上の事柄
	新王国時代	18	テーベ	トトメス3世	1470年頃	アジアやヌビアにさかんに軍事遠征をおこなう．エジプトの領土が最大になる
				アメンヘテプ2世		
				トトメス4世		この頃, カルナックのアメン神官団と確執が表面化
				アメンヘテプ3世	1400年頃	繁栄の絶頂期をむかえる
			アマルナ	アメンヘテプ4世（アクエンアテン）	1360年頃	アテン神を唯一神とする宗教改革を断行する
			メンフィス	ツタンカーメン	1350年頃	アメン神信仰に復帰する
				アイ		
1310				ホルエムヘブ	1335年頃	アテン神信仰後の内外の混乱を鎮める
		19	ペル・ラメセス	ラメセス1世	1310年頃	将軍ラメセス1世が即位．第19王朝となる
				セティ1世	1290年頃	シリアをはじめ, 軍事遠征をさかんにおこなう
				ラメセス2世	1275年頃	シリアのカデシュでヒッタイトと戦う
						この頃, モーセによる「出エジプト」?
				メルエンプタハ	1215年頃	リビア方面から「海の民」がデルタ地帯に侵入を図るが撃退する
1205				ラメセス3世	1170年頃	「海の民」がデルタ地帯に侵入するが, 撃退する
				ラメセス4世		この頃, 王権が弱体化する
		20		ラメセス6世		この頃, 王家の谷などで墓泥棒が横行しはじめる
				ラメセス9世		この頃, カルナックのアメン大祭司がテーベの実権を握る
				ラメセス11世		王の存在は有名無実化する
1070	第3中間期	21	タニス	スメンデス	1070年頃	タニスに第21王朝をひらく．上エジプトはカルナックのアメン大祭司が治める
945				プスセンネス1世		
		22/23/24	ブバスティス	シェションク1世	945年頃	リビア系の王．ブバスティスに首都をおく．パレスティナ地方に軍事遠征をおこなう
				オソルコン2世		
700						テーベやタニスで王朝がおこり, 並立する
	末期王朝時代	25	テーベ	ピアンキ	750年頃	ヌビア人ピアンキが第25王朝をおこす
				シャバカ	700年頃	エジプト全土を統一する
664				タハルカ	667年頃	アッシリアがエジプトを征服する
		26	サイス	プサメティコス1世	664年	アッシリアを追放し, 第26王朝をおこす
				ネコ2世		紅海とナイル河を結ぶ運河が着工されるが防衛の意味で中止される
				プサメティコス2世		
				アマシス		
525		27	サイスを中心とするデルタ地帯	カンビュセス2世	525年	アケメネス朝ペルシアがエジプトを支配する
				ダリウス1世	521年	紅海とナイル河を結ぶ運河を完成する
						ペルシアと地中海世界の中継地として栄える
					430年頃	ヘロドトスが『歴史』を著す
404					404年	ペルシア支配から独立し, 第28王朝がはじまる
380		28/29			350年頃	ペルシアのエジプト侵入に備え, 対抗する
		30		ネクタネボ1世		
				ネクタネボ2世	343年	ふたたびアケメネス朝ペルシアの支配下にはいる
				アレクサンドロス	332年	アレクサンドロス大王がエジプトを征服する
305	プトレマイオス朝時代		アレクサンドリア	プトレマイオス1世	305年	大王の死後, プトレマイオス将軍が即位
				プトレマイオス2世		この頃, アレクサンドリア図書館が開かれる
					280年頃	マネトが『エジプト史』を著す
				プトレマイオス5世	196年頃	ロゼッタ・ストーンが刻まれる
30				クレオパトラ7世	30年	エジプト復興に失敗し, ローマの属州となる

さらに勉強を進められる方のために

　古代エジプトに関してはさまざまな本が出されていますが，ここでは語学書などいくつか挙げておきます．

　さらに文法をくわしく勉強したい方には，以下の本がおすすめです．

- 『ヒエログリフ入門』（吉成薫著，弥呂久）
- 『ヒエログリフ解読法』
　　　（マーク・コリア著，近藤二郎監修，坂本真理訳，ニュートン・プレス）

　次に文字と文化について知りたい方には，以下の本を手に取ってみてください．

- 『エジプト王国三千年』（吉成薫著，講談社選書メチエ）
- 『ヒエログリフをひらく』
- 『図説古代エジプト文字手帳』（ともに，松本弥著，弥呂久）
- 『物語　古代エジプト人』（松本弥著，文春新書）

　また古代エジプトに関する事典を紹介します．

- 『大英博物館　古代エジプト百科事典』
　　　（イアン・ショー＆ポール・ニコルソン編，内田杉彦訳，原書房）

著者紹介
松本　弥（まつもと　わたる）
早稲田大学卒、専門は古代エジプト史。日本オリエント学会正会員、大阪大学民族藝術学会正会員。NHK文化センター青山教室講師（2004年〜）。講義、講演を通してエジプトの歴史・文化の紹介に努める。
主要著書：
『Let's Try! ヒエログリフ』『黄金の国から来たファラオ』『古代エジプトのファラオ』『古代エジプトの神々』『ヒエログリフ文字手帳［自然風土のめぐみ編］』『ヒエログリフ文字手帳［人びとの暮らし・生活編］』（以上、弥呂久刊）、『物語 古代エジプト人』（文春新書）など。

本書は2012年に小社より刊行された。

ヒエログリフを書いてみよう読んでみよう（新装版）
──古代エジプト文字への招待

2019年 1 月 5 日　第 1 刷発行
2020年11月20日　第 3 刷発行

著　者 © 松　本　　　弥
発行者　　及　川　直　志
印刷所　　株式会社梨本印刷

101-0052 東京都千代田区神田小川町3の24
発行所　電話 03-3291-7811（営業部），7821（編集部）　株式会社 白水社
www.hakusuisha.co.jp
乱丁・落丁本は、送料小社負担にてお取り替えいたします。

振替 00190-5-33228　　Printed in Japan　　誠製本株式会社
ISBN978-4-560-08819-7

▷本書のスキャン、デジタル化等の無断複製は著作権法上での例外を除き禁じられています。本書を代行業者等の第三者に依頼してスキャンやデジタル化することはたとえ個人や家庭内での利用であっても著作権法上認められていません。

楔形文字を書いてみよう読んでみよう（新装版）

古代メソポタミアへの招待

池田 潤 著

楔形文字には漢字と同じしくみがあります。表音文字でもあり、表意文字でもあるのです。現存する最古の文字のかたちとしくみに触れながら、ギルガメシュ叙事詩、ハンムラビ法典、最古の世界地図を記した文字で、名前を書いてみませんか。

マヤ文字を書いてみよう読んでみよう（新装版）

八杉佳穂 著

中米のマヤ文明では平仮名や漢字と同じしくみをもつ文字が使われていました。本書は、解読作業が現在でも続いているマヤ文字の魅力を味わえる一冊。マヤ文字で名前も書けます。